技術覇権
米中激突の深層

宮本雄二
伊集院敦
日本経済研究センター 編著

日本経済新聞出版社

はじめに

米国と中国の技術覇権競争が激しさを増している。トランプ米大統領が仕掛けた米中の貿易戦争は1年8カ月の交渉を経て、2020年1月に「第1段階の合意」に達した。しかし、最先端のハイテクをめぐる大国同士の攻防はこれからが本番である。

中国の通信大手、華為技術（ファーウェイ）の排除に代表される次世代通信規格「5G」をめぐる攻防は一例に過ぎない。人工知能（AI）や機械学習、バイオテクノロジー、先端コンピューティング、ロボット技術、測位技術、先進セキュリティ技術などの新興技術はすべて米中の覇権争いの主戦場だ。

米議会は超党派議員の圧倒的多数で中国への対抗策を盛り込んだ2019年度国防権限法を可決し、関連法にもとづく新ルールが次々に施行された。外国企業による米国事業の買収を審査する際の運用強化はそのひとつで、審査対象が従来に比べて格段に広がった。日本企業を含め、中国企業と合弁会社を設けたり提携していたりする外国企業に対する審査が厳しくなる。

日本でも、外国人投資家による企業への出資を規制する改正外為法が成立した。政府は外交・安全保障政策の司令塔を担う国家安全保障局（NSS）に経済分野を専門とする「経済班」を設置。同盟国の米国と連携しながら大学や投資、通信、サイバーなど幅広い分野の対策を首相官邸主導で見直し、米中の技術覇権争いをはじめ経済と安全保障が密接に絡む問題に対処する方針だ。

米国が中国に本気の戦いを仕掛けたのは、情報通信などの先端技術をめぐる競争が米中両国の力関係だけでなく、今後の世界における覇権争いに直結するためだ。いまの米中競争は、中国の台頭によって生じた地政学的な競争と、第4次産業革命の主導権争いが同時に起きているのが特徴だ。展開次第では、米中の軍事力の差が一気に縮まり、世界の軍事バランスが激変する可能性がある。

デジタル技術の発達は世界のガバナンスと国家の統治システムを変え、市場経済と自由民主主義をベースとする西側の資本主義は、豊富なデータと高度な監視技術を強みとする中国型の権威主義体制や国家資本主義にその地位を脅かされかねない。米国が同盟国や友好国を巻き込み、大掛かりな戦いを展開する理由である。

世界第1位の経済大国である米国と第2位の中国による技術覇権競争の影響は大きい。技術覇権をめぐる米中の争いは世界的な規模で人材や技術の交流を妨げ、「イノベーションの冬」をもたらす懸念がある。技術覇権競争がサプライチェーン（供給網）のデカップリング（分断）を引き起こし、政治、文化、学術など経済以外の分野でも分断の動きが広がりつつある。

世界はまさに、米中を中心とした分断の危機を迎えている。ある分野のデカップリングが他分野のデカップリングを生む悪循環によって、米中の緊張がさらに高まり、安保や価値観、統治システム、他国への影響力などをめぐって正面衝突を引き起こす可能性も否定できない。

戦線が広がる米中競争の現状を「新冷戦」と評する向きもあるが、サイバー空間などでは既に銃を使わない戦いが日常的に繰り広げられている。このため、安全保障の専門家の間からは「軍事関連のハイテクでは冷戦のレベルを超え、いまや熱戦が繰り広げられている」という声も聞かれるようになっている。

半面、世界では「新冷戦」のマイナスをできるだけ抑えるため、米中による技術の覇権競争自体は所与として受け入れつつ、技術管理の新たな方法や新興技術にまつわる世界的なルールづくりを模索する動きもある。

米中の関係自体、先行き不透明な要素が多い。2020年1月に署名された米中の「第1段階の合意」には、中国が農産物やサービスの対米輸入を今後2年間で計2000億ドル（約22兆円）増やすことが盛り込まれた。中国の金融市場の開放も決まり、それに最も期待を寄せているのは米国の金融業界だ。これらはデカップリングどころか、形を変えた中国経済依存ではないかとの疑問もある。

米国では党派を超えて中国への強硬姿勢が強まっているとはいえ、対中政策は業界の利害が複雑に絡むだけに、貿易や投資の規制強化策を決めようとすると「総論賛成、各論反対」になりがちだ。対する中国も、旧ソ連とは違って米国の出方によって柔軟に対応を変えてきた経緯があり、一筋縄では行かないのが米中関係である。欧州の動きもいま少し見極める必要がある。

日本も隣国の中国とは切っても切れない関係にある。政治、経済、科学、文化、社会など多方面にわたる長い歴史的な関係があり、外交上の鍵となる国だ。焦点のハイテクやイノベーションを含め、今後の日本の成長戦略を描くうえでも中国との関係は無視できない。安全を確保しながら中国とどのように付き合っていくか。微妙なバランスと覚悟が求められる。

日本経済研究センターでは、日本経済の予測や分析に不可欠な「アジア研究」のプロジェクトを約四半世紀続けている。近年は経済に影響を及ぼす地政学リスクの研究に力を入れており、2019年度は世界最大級の地政学リスクである米中関係を研究テーマに選び、両国の競争の核心ともいえる技術覇権争いに焦点を当てた。この問題の調査・研究を抜きにして、アジアの将来は見通せないとの判断からだ。

日本経済研究センターの研究員のほか、米国と中国、ハイテク、サイバーセキュリティなどの動向に詳しい気鋭の専門家を外部から招き、研究会を発足。研究会の座長には元駐中国大使で、米中や旧ソ連、軍備管理など幅広い外交経験を持つ宮本雄二・宮本アジア研究所代表に就任をお願いした。政府関係者らも交えて研究会を重ね、『米中技術覇権競争と日本』と題する報告書を2020年1月末に発刊した。その報告書をベースに、一般読者向けに再編集したのが本書である。

本書は全部で9章からなる。第1章では総論として現在、繰り広げられている米中技術覇権競争の国際関係史上の意味や特徴を論じ、今後の課題や論点を示した。第2章で米国の対中国政策の歴史的変化を分析し、第3章と第4章で米中両国の国内事情を紹介した。第5章では経済の相互依存関係、第6章はサイバー空間の争いという側面から米中関係を分析し、第7章では日本と同様に米中との距離感を模索する欧州の動向を紹介した。各章に日本への含意を盛り込んでいるが、第8章と終章ではルール形成戦略、イノベーションなどの観点から日本の対応を検討した。

本書で筆者らが示そうとしたのは、米中の技術覇権競争の実像と背景、今後の展望に関する分析であり、日本の対応を考えるうえでの基礎的な材料だ。研究会内部で相当な議論を経たとはいえ、文中で示された意見はメンバーの一致した見解とは限らない。各章で示された議論や見解は個人的なもので、所属先などを代表するものでもない。研究会の幹事業務と本書の編集作業は日本経済研究センターの伊集院敦が担当し、文中では敬称を省略させていただいた。
　アジア太平洋に位置する日本は、同盟国である米国と、最大の貿易相手国である中国の影響を大きく受ける。好むと好まざるとにかかわらず、米中関係の影響を免れない立場にある。とりわけ企業やビジネスの関係者にとっては、米中関係の動向と、先端技術をめぐる両国の攻防を無視できない時代に突入した。本書が少しでも読者のご参考になれば幸いである。

2020年2月

日本経済研究センター　首席研究員
伊集院　敦

目次

第2章 米国の対中国政策
関与・支援から競争・分離へ
佐橋亮 41

第3章 米国の変質と対中政策の転換
強硬論を後押しする民意
小竹洋之 69

第4章 半導体にみる中国の光と影

供給網が示すハイテク強国への難路

山田周平 99

第7章 揺れる欧州の対中関係

実利優先から新たな距離感模索へ

装丁・野網雄太

第 1 章

「新しい冷戦」のコアの論点
技術覇権と技術管理

宮本 雄二(宮本アジア研究所代表、元駐中国大使)

東西冷戦と米中「新冷戦」の比較

	旧ソ連	現在の中国
目標と理念	資本主義打倒を目指す共産主義	「中国の特色ある社会主義」
世界戦略	勢力圏を拡大し、西側に対抗	同盟は結ばず、中国モデルを輸出しない建前
安全保障	軍事力で米国と正面から対抗	米国と全面的に正面から挑戦しない「非対称戦略」
経済	東側経済が西側経済と明確に分断	中国経済は国際経済の不可分の重要な一部に
先端技術	経済成長と有機的に結びつけることに失敗	軍民融合を推進、米国と技術覇権競争

1　われわれはどういう世界に向かうのか？

東西冷戦構造の終結の意味

世界は100年に1度の変革期に入り、漂い、どこに向かうか分からないという懸念の声を最近よく耳にする。

30年前にベルリンの壁が壊れ、間もなくソ連も崩壊し、第2次世界大戦後の世界を形づくってきた東西冷戦構造は消滅した。あの当時、私自身、自分がその中を生きてきた戦後国際秩序の激変を目の前にして、世界は歴史的な転換期を迎えたと感じた。それほど巨大な変化が起こったように見えたのだ。

しかし客観的に判断すれば、その変化の大きさは第1次世界大戦や第2次世界大戦と比べると小さなものだった。冷戦の崩壊は、大国同士の直接の「熱戦」がなかったという意味では極めてユニークだが、2つの世界大戦のように根本的な国際秩序の転換をもたらすものではなかったからだ。

結果として西側主導の国際秩序が生き残り、その秩序が東側を吸収合併しただけだった。冷戦時代、東西の経済は明確に切り離されていた。東西両ブロックが外交的、軍事的、イデオロギー的に対立していただけだ。開発途上国は非同盟中立の立場をとったが、経済は西側とつながっていた。その東側が、西側が主導する世界の一部となり、世界はようやく一つになったのだ。中国は、1978年に西側経済システムへの参入をすでに決断していた。

ここで1つ脚注的なものを記しておこう。それはソ連の敗因についてだ。ソ連が米国に敗北したのは、結局は経済で負けたからだというのがほぼ一致した見方だ。敗因は、計画経済と社会管理を重視せざるをえない、統治システムの問題であったし、経済システムの問題でもあった。そして何よりも、硬直した官僚システムが変革を継続的に実行できなかったことが響いた。

とりわけイノベーションを経済成長と有機的に結びつけることに失敗した。科学技術の水準そのものは、宇宙開発や兵器開発に見られるように、決して米国に全面的に置いて行かれていたわけではなかった。

中国や米中関係を見るときに、この統治原理およびシステムのイノベーションの創造と波及に与える影響について、しっかり分析しておく必要がある。

戦後国際秩序の基本は生き残る

われわれが今日、強く感じている国際社会の漂流感は、どこから来るのか。世界公認の「世界のリーダー」がいなくなったこと、つまり「グローバル・ゼロ」現象そのものが、世界を漂わせていると言えるであろう。

その背景には、1つには、現行の国際秩序が、このまま生き残れるのだろうかという不安がある。2つ目には、中国という、西側とは異質の超大国の台頭が、現行国際秩序にどのような影響を与えるのか、まだ見えてこないというところから来る。

確かに戦後国際秩序を作りあげ、世界のリーダーを務め続けてきた米国に、トランプという、われわれの知る米国像をことごとく否定する人物が「大統領」となった。米国社会の変質そのものの象徴のようにも見える。米国そのものが国際秩序の維持と発展に関心を失ったようにも見える。

ヨーロッパも漂っている。特に近代を引っ張り、戦後国際秩序を支えてきた英国に、最近は昔の面影さえ見ることができない。この米欧の「疲労感」と「内向き思考」が、戦後国際秩序の終わりの始まりのように見えなくもない。しかし、私は、そうは考えない。

戦後国際秩序への逆風は、グローバリゼーションに対する反発や不満と連動している。戦後国際秩序は、2つの世界大戦から深い教訓をくみ取り、戦争を回避し、平和と繁栄を可能とする仕組みとして考案されたものだ。それが、経済のリベラリズムと政治のリベラル・デモクラシーを指導原理とする戦後国際秩序なのだ。それは戦後を主導した米英の統治理念でもあったし、世界最強の経済に到達していた米国資本の求めるところでもあった。

つまり東西冷戦構造の終焉とともに、資本の求める経済の自由化、資本移動の自由化は全地球を覆い、グローバリゼーションは完結した。その結果、世界全体の経済は発展した。グローバリゼーションは経済のロジックの求めるものであり、その究極の姿でもあったのだ。

だが今日、グローバリゼーションや、それが代表するリベラリズムに対する反発や不満は根強い。グローバリゼーションの結果、仕事が奪われ、移民が増え、貧しくなり、国内格差は拡大し、何よりも自分たちのライフスタイルが脅威にさらされていると批判されている。

確かに世界貿易機関（WTO）に代表される現行国際経済秩序に不備や不公正な点はある。だが、グローバリゼーションのもたらすマイナス面は、何よりも国内政策により解決されるべき問題である。民主主義の国では多数がノーといえば、国内の問題は国内政策で是正できる。すべてを外部要因のせいにするのは間違っている。

だが世界は内向きとなり、自国第一主義が強調され、多国間主義も弱まっている。リベラリズムに基礎をおいた戦後国際秩序も危機に瀕しているようにも見える。トランプ政権が2期8年続けば、国際秩序に与える打撃は極めて大きなものとなろう。しかし米欧が現行国際秩序を本気で放棄するとも思えない。米欧には「指導者疲れ」が見られるのは事実だが、究極のところ米欧は、米欧の負担を軽くする形で現行国際秩序の修正を求めていると見るのが正しいのではないだろうか。

中国の台頭により今とまったく別の国際秩序ができ上がることはない

そこに中国が台頭してきた。昨今、さすがにBRICS（ブラジル、ロシア、インド、中国、南アフリカ）の勃興をもてはやす雰囲気ではなくなったが、中国だけは確実に米国に迫っている。その中国は、空前の経済成長を実現し、急速に軍事力を増大させ、世界に対する発信力を強めている。共産党の一党支配の国であり、価値観も理念も、これまで世界を主導してきた欧米とは大きく異なる。

その「異形の大国」が、まさに超大国への歩みを強め、しかも世界を「指導」する意気込みを見せ始めたのだ。西側との間に、いわゆる地政学的な対立に加え、イデオロギーの対立まで加わったように見える。

この中国の台頭に最も強く反応したのが米国である。２０１７年の第19回中国共産党大会における習近平の政治報告に見られるように、中国が超大国への意思と能力を、より明確な形で示し始めるとともに、米国における対中認識は激変した。中国に覇権を譲ってはならず、中国にあらゆる面で対抗すべきであるというコンセンサスが、党派を超えて出来上がった[1]。

だが米国は、中国がこれまでとは異質な中国中心の国際秩序を求めていると認定しているとすれば、それは間違いであり、少なくとも断定するには時期尚早だと言わざるをえない。

第1に、中国中心の国際秩序をつくるには、中国は甚だ力不足だと言わざるをえない。今日の米国の地位に取って代わることは不可能なのだ。たとえ経済規模で米国を抜いても、引き離すことは難しい。軍事力については米中の格差は大きく、抜くことは難しいであろう。総合力において米国の優位は続くということだ。

そのうちインド経済も迫ってくる。欧州連合（ＥＵ）も東南アジア諸国連合（ＡＳＥＡＮ）も何とか生き延びていることだろう。日本がどこにいるかは、これからの日本の努力次第だ。つまり圧倒的なリーダーが存在せず、複数の核となる国や国家グループが併存する真の多極化世界が出現するということだ。そこでは話し合いでルールを決め、それに従ってものごとを処理していくしかない。つまり基本において現行の国際秩序のやり方を踏襲することになる。

第2に、多極化した世界において「中国モデル」が国際スタンダードになることはない。習近平政権は「中国の特色ある社会主義」というイデオロギーを強調し、共産党の一党支配を貫徹し、管理を徹底させた社会をつくろうとしている。この方式による統治（ガバナンス）の方が西側のやり方より効率的であり、優れていると声高に叫んでもいる。この意味で中国と西側との壁はさらに高くなっている。

しかしこのガバナンスのシステムを国際システムに適用しても、ついてくる国はない。共産党に権力を集中させ効率と実効性を担保する一党支配は、国際社会では適用不能なのだ。19世紀に人工的につくり出された「国民国家（ネーション・ステート）」の有効期限が切れるまで、つまり「国民国家」が国際関係の単位であり続ける限り、国際社会では主権国家の平等とルールにもとづくガバナンスを尊重するしかない。リベラル・デモクラシーが指導原理であり続けるということだ。

第3に、中国は現行の国際秩序の原則と理念を超えるものをまだ持てていない。「人類運命共同体」なるものを打ち出しているが、中身は固まってはいない。中国側との議論を深め中身を精査していけば、結局、中国側の主張の中身は人道主義を含む現行国際秩序の原則と理念に限りな

（1） Pillsbury, Michael, *The hundred-year marathon: China's secret strategy to replace America as the global superpower*, Henry Holt and Company, 2015（邦訳『China 2049』野中香方子訳、日経ＢＰ）.

く近づいていくのではないかという気がする。

究極のところ現行の国際秩序の基本は生き残るだろう。考えてみれば、現行の国際秩序を否定しても、まだそれに代わる理念や原則は水平線の彼方にさえ出現していない。第2次世界大戦前の、力がすべての「ジャングルの掟」の世界に戻る選択肢もない。人類にとり、今のところ、現行の国際秩序を護持し、その改善と補強に励む選択肢しかないのだ。

中国は現状護持派に転換？

そこで習近平政権は、現行の国際秩序を護持し、部分修正と改善を求めていくだけだと明言している。(2) 国連憲章の原則と精神を守り、自由貿易を支持し、法によるガバナンスを支持するというのだ。第1期習近平政権の対外強硬路線は影を潜め、胡錦涛時代に戻り、法治については一歩前進したと言って良い。もちろん無条件ではない。基本は支持するが、改善し、補強しなければならない点も多々ある、とも言っている。

例えば、中国は国連中心主義をより明確に主張するようになった。客観的に国連を眺めれば、安全保障の分野を除き、経済、社会、文化、そして国際法秩序の強化という面において、かなりの成果を上げている。このことは認めざるを得ない。国連が何もやっていないように見えるのは、安全保障面での役割が著しく限定され、それが政治面での役割にも影を落としているからである。

中国は、米国が実行する同盟関係を中心とする安全保障体制が新しい公平な国際秩序をつくり出すうえでの障碍だという。しかし、東西冷戦構造の定着により、国連安全保障理事会を中心とする安全保障体制が機能しなくなったために、米国は同盟関係を使って安全を保障しようとしたのである。米中ロが冷戦構造を復活させることなく、世界の平和と安全を確保するために協力す

（２）中国の軌道修正がはっきりと見え始めたのは、２０１７年1月からである。1月17日、習近平はダボス会議における演説（http://news.xinhuanet.com/politics/2017-01/18/c_1120331545.htm）において「グローバルな自由貿易と投資を揺らぐことなく発展させ、開放を進めながら貿易と投資の自由化、便利化を推進し、保護主義に明確に反対するべきである」という立場を表明した。さらに各国や国際司法機関は国際法治の権威を守る責任があり、国際法の平等で一律な適用を守る責任があり、ダブルスタンダードをとってはならない」と述べ、「世界の運命は各国共同で掌握すべきであり、国際ルールは各国共同で書き上げるべきであり、世界的な事柄は各国が共同で管理すべきである」と述べている。

同年1月19日のジュネーブ国際連合欧州本部における演説（http://news.xinhuanet.com/world/2017-01/19/c_1120340081.htm）において「中国は国連を中心とする国際システムをしっかりと護り、国連憲章の目的と原則を基礎とする国際関係の基本準則をしっかりと護り、国連の権威と地位をしっかりと護り、国連の国際業務における中心的役割をしっかりと護る」と述べている。

同年10月18日の第19回党大会における報告において、習近平は「中国は引き続き責任ある大国の役割を果たし、グローバル・ガバナンス・システムの改革と建設に積極的に参画し、中国の知恵と力を捧げる」と総括している。

２０１８年4月のボーアオ・フォーラムにおける習近平演説（http://www.xinhuanet.com/polyics/2018-04-10/c_1122659873.htm）において、さらに一歩進んで、「中国がいかに発展しようとも、誰にも脅威を与えず、現行の国際システムを転覆させることはせず、勢力範囲をつくることもしない。中国は、常に世界平和の建設者であり、全地球の発展の貢献者であり、国際秩序の護持者である」と述べている。

ることができれば、その時には安全保障における国連の本来の役割を回復する道は開ける。

例えば現時点をとっても、米中ロともにアフリカにおいて経済権益は追求しているが、勢力圏を作るつもりは今のところ、ない。そうであるならば、内戦により無数の悲劇がつくり出されているアフリカに、国連憲章第7章にもとづく戦闘可能な「国連軍」を送って治安を回復することも可能となる。国づくりが終わるまで「国連軍」が平和と秩序を維持するのだ。国連が関与することで、その国は政治的には中立となる。今後、こういう可能性が開けることを念頭においておくべきである。

そうは言っても、現段階で中国が完全に現状護持派に回ったと断定するつもりもない。原則で同意しても、その実施の段階において、さらなる困難が待ち受けているのが、中国との交渉のパターンだからだ。しかし、2008年以降、特に12年から中国の時代が間もなく来ると錯覚し、中国の世界観、新型大国関係といった中国の国際秩序構想を強く打ち出していたときとは、今日、様相が一変したことも事実だ。一帯一路構想も、アジアインフラ投資銀行（AIIB）も、結局は既存のルールを重視するものに変わっている(3)。

主役が欧米から中国に代わっただけだと見ることもできる。もちろん中国の影響力は増す。だが国際社会における中国の存在感が増すとともに、その影響力も増大するのは世の常であり、それが現実だ。

中国は、これからも現状護持派にとどまると想定される。最も根本的な理由は、中国に、それを代替する原理も構想もないからだ。たとえあったとしても、それを世界に強制する力はない。

しかも現行の国際秩序から最大の利益を得てきたのも中国だ。そもそも取り換える必要はない。国力の増大に合わせて発言権の増大を望んでいることは間違いない。中国の願望をある程度実現しながら、現行の国際秩序をいかにして補強するかに、国際社会はもっと留意すべきだ。

すなわち中国は、われわれと共通の言葉を少しずつ取り戻しつつあるということだ。胡錦涛・温家宝の時代は、われわれにかなり近づいていた。習近平の時代になって少し後退したが、中国は依然として変化の過程にあるのであり、しかもわれわれとの間の共通の土俵は、少しは広がってきた。中国が考えること、憂慮すること、願うことを正確に把握し、彼らの願望を一面で実現しながら、同時に国際公共財である現行の国際秩序をより強固なものとすることは可能である。当然、中国も責任ある世界大国として、応分の責任を果たすとともに、責任には応分の自己犠牲がともなうことを理解しなければならない。

国際社会、なかんずく米国は、この意識を持って中国に対処すべきであり、日本の対外政策の重点も、ここにおくべきだ。日本外交の力の発揮しどころでもある。

---

(3) 一帯一路に関しては、2015年3月19日のボーアオ・フォーラム演説において「一帯一路建設が堅持するのは、共商、共建、共享（共に相談し、共に建設し、共に享受する）原則」を打ち出した。2019年4月26日、習近平は第2回一帯一路国際協力ハイレベルフォーラムにおける演説（http://www.xinhuanet.com/silkroad/2019-04/26/c_1124420187.htm）において、国際社会からの批判を念頭において、開かれたプラットフォームであることを強調し、プロジェクトの選択、実施において国際ルールやスタンダードに従うことを表明し、被援助国の民生を重視する姿勢を打ち出している。

2　米中対立の激化

中国は見かけよりも強靭である

すでに見てきたように、米中の対立は国際政治経済構造にしっかりと組み込まれてしまった。鄧小平が想定したより、かなり早かったかもしれないが、中国が才能を隠してローキーで振る舞う鄧小平の「韜光養晦《とうこうようかい》」政策を続けていたとしても、いずれこの日を迎えていたことであろう。時間の問題であった。孫文以来、中国近代の指導者は、明清時代の栄光、つまり世界一という栄光を取り戻したかったのであり、日本のように2番で十分という気は、もともとなかったからだ。

だが中国は、清朝末期から新中国の成立まで、軍閥割拠、日本の侵略、国共内戦と混乱を続けた。新中国になっても反右派闘争、大躍進、文化大革命と国内が安定することはなかった。１９７８年から改革開放政策を導入し、ようやく安定と発展を手に入れた。しかしすべてが試行錯誤であり、「中国の特色ある社会主義」を模索してきた。制度も政策も、それらを実行する官僚機構も、すべてがテストであり訓練中であり、しかも変化のスピードは尋常ではなかった。従って常に多くの深刻な問題をかかえてきたのだ。

普通に考えれば、こういう問題山積の国が長続きするはずはない。しかしこの40有余年、中国は安定を保ち高度成長を続けてきた。中国の持つ有利な条件もたくさんあったろう。だがそれらを最大限に活用し、問題を早めに処理し、曲がりなりにも社会を安定させ、経済を発展させてきた。しかも常に多くの深刻な問題をかかえながら、そうしてきたのである。この中国共産党の対処能力を過小評価すると判断を間違う。

もちろん中国共産党自身に欠陥も多い。ここでも問題百出なのだ。だが中国の現状について中国共産党より熟知している者はいない。中国がかかえる問題点を分析し、対策を講じる力、それらを実施する力は並大抵のものではない。外国の経験も徹底的に学んでいる。結果を出し、中国を変え続けているのも事実だ。

中国共産党にとっての真の挑戦は、脱工業化社会の複雑な社会をいかにしてマネージするかという点と、外国の経験が役に立たない新たな経済問題をいかにして処理するか、といったところからくるであろう。

ここで再度、脚注的に触れれば、中国スタンダードは日本スタンダードとは違うという点だ。日本では、政府の政策は80点以上を取ることを期待されている。それに満たないと失敗ということになるが、中国では60点、場合によっては50点で十分に成功なのだ。中国のように大きな国は、方向を変えるのに大きなエネルギーを要する。大まかな方向が変われば、それで当面は成功であり、中国共産党は、そういう風にして国を動かしてきた。だから常に変革し続けなければならないのである。

中国は準備不足のまま米国の「虎の尾」を踏んだ

習近平が引き継いだ中国共産党と中国は問題を山のように抱えていた。前任の胡錦涛が江沢民の掣肘《せいちゅう》を受け、総書記の権限が制約され指導力を発揮できなかったことが、問題先送りの最大の要因だった。そこで習近平は、そういう党内世論を背景に、自分への権限集中と、トップの決定を円滑に実施する党と政府のガバナンス改革に取り組んだ。その重要な手段が、「中国の夢」という将来ビジョンの提起であり、反腐敗強化をバックにした権限の集中と党組織建設であった。

２０１７年秋、習近平は、それらの総括として第19回党大会における政治報告において「中国の夢」を初めて具体的に国民に提示した。２０５０年には「総合力と国際影響力において世界の先頭を走る国」を作りあげ、「世界一流」の軍隊を作りあげ、中国モデルが、西側モデルに代わる新たな選択肢となったと高らかに宣言した。

翌18年春、全国人民代表大会において憲法を修正し、国家主席の2期10年の任期制を外した。党総書記は、もともと任期制はなかったので、実質的な意味は言われているほど大きくはないが、習近平の終身制への布石ではないかと内外の注目を集めた。

このあたりから中国を「異質の超大国」とする見方が、欧米を中心とする国際社会に急速に広まった。特に米国において、15年ごろから形をとってきていた対中認識の転換は、この頃、決定的なものとなり、ワシントンの明確なコンセンサスとなった。

習近平政権としては、主として国内的な必要と考慮から、これらの決定をしたのであり、国外の反応に相応の注意を払っていた形跡はない。対外的なインパクトの軽視は、世界の新たな選択肢として「中国モデル」を提起してしまった点に典型的に表れている。これまで中国国内に限定して外に持ち出さないように注意してきた「中国モデル」を国外にまで広げると言ってしまったのだ。その結果、中国と西側との関係にイデオロギーという厄介なものを持ち込むことになった。国外の反応をあらかじめ計算に入れなかったか、軽視したからだと言わざるを得ない。

このことは中国当局の対米認識の甘さとも重なる。これまで米国は、ニクソン・キッシンジャー以来、中国をおだてながら「良い子」にする関与政策をとってきた。中国の第1世代（毛沢東）と第2世代（鄧小平）は、米国と朝鮮戦争を戦っており、敵にしたときの米国の怖さを知っていた。だが中国の今の第5世代は、相手を競争相手、敵と見定めたときの厳しい米国を知らない。

この甘い米国観は、ナショナリズムの高揚を背景に2012年以来、中国の対外強硬姿勢への傾斜を助長し、中国の力を誇示し、米国に挑戦する意図を露骨に示す意見の頻出となった。また、米中経済戦争が始まった直後の中国の甘い判断にも影響を及ぼしている。米国の本気度の見極めができていなかったのだ。つまり、準備不足のまま本格的な米中対立に入ってしまった。鄧小平の「韜光養晦」政策は米中対立を避けるための老獪な政策だったのだが、今の世代は功を焦って、それを捨ててしまったのだ。

現時点では、中国は米国と戦っても負ける。中国側も、このことはよく分かっている。まだ中国国内のナショナリズムが極端な政策をとらせる状況にはなっていない。当面は、米国と正面からは戦わず、話し合いの姿勢は堅持し、しかし統治の基本に係わる問題については譲歩せず、それ以外では柔軟に対応するという方針と見受けられる。局面ごとにマイナスを最小にし、プラスを最大にする作戦を粘り強く続けるつもりのようだ。

ここでも中国の動きよりは、米国が、どういう対中認識をもち、対中戦略を構築し、具体的方策を講じるかが決定的な重要性を持つことが分かる。

米国の対中政策をどう見るか

そういう中国を、米国は自国のグローバルな覇権に対する最大の挑戦者と見定めた。「戦略的、経済的ライバル」（2017年『国家安全保障戦略』）であり、「戦略的競争相手」（2019年ポンペオ国務長官演説[4]）という位置づけになった。この対中認識は簡単には変わらないであろう。軍事的には同盟を結び、イデオロギー面でも対立がなかった日本に対する米国の対応を思い起こせば、そう結論せざるをえない。米中の対立が、相当の期間にわたり国際政治、経済に構造的に組み込まれたということだ。

しかし、そのような中国認識をどのように整理し、どのような総合戦略を構築し、具体的な対応策をとるべきかについて、米国のコンセンサスは、まだ未成立のように見える。2019年10月に行われたペンス副大統領とポンペオ国務長官の演説を読んでも、総合戦略とはほど遠い内容となっている。ましてやトランプ大統領が、まとまった中国政策を口にしたこともない。

このことは、米ソ対立と比較すると、分からないでもない。ソ連は、資本主義の打倒を最終目的にする共産主義を信奉し、全く異なる国家体制と政策を持ち、計画経済を発展させ軍事力を増強し、勢力圏を拡大し、西側に対抗した。ソ連は、ことあるごとに米国にたてつき、米国の裏をかき、軍事力においても米国と正面から対抗した。「敵」として、これほど単純明快な存在はなかった。

これに対し中国は異なる。掲げるのは「中国の特色ある社会主義」であり、資本主義体制の打倒は彼らのアジェンダにはない。少なくとも同盟は結ばず、勢力圏はつくらず、「中国モデル」は選択肢としてはあるが、それを輸出することはしないという建前をとっている。軍事安全保障面でも、ソ連崩壊の教訓を学んで、米国と全面的に正面から挑戦することはしないことにしている。(5)そして何よりも、東側経済が西側経済と明確に分断されていたのに対し、中国経済は経済のグローバリゼーションのど真ん中に飛び込み、国際経済の不可分の重要な一部になっている。

つまり「敵」として捕まえにくいのだ。それにすでに述べたように、中国自身、学習過程にあり、考え方も常に変化している。今日の中国の一言一句を金科玉条のものとして中国に対する長期戦略を立てれば、間違う可能性は高い。客観的に見ても中国の国内総生産（GDP）が米国を抜くことはあるかもしれないが、総合国力において米国を抜くことは決して容易なことではない。

（4） Michael R. Pompeo :"The China Challenge", Speech delivered in October 30, 2019 at the Hudson Institute's Herman Kahn Award Gala

（5） 中国は、米国と正面からの軍拡競争ではなく、米国の相対的に弱いところをつきバランスをとる「非対称戦略」をとっているといわれる。

図表1－1　米中と日本のGDPの推移

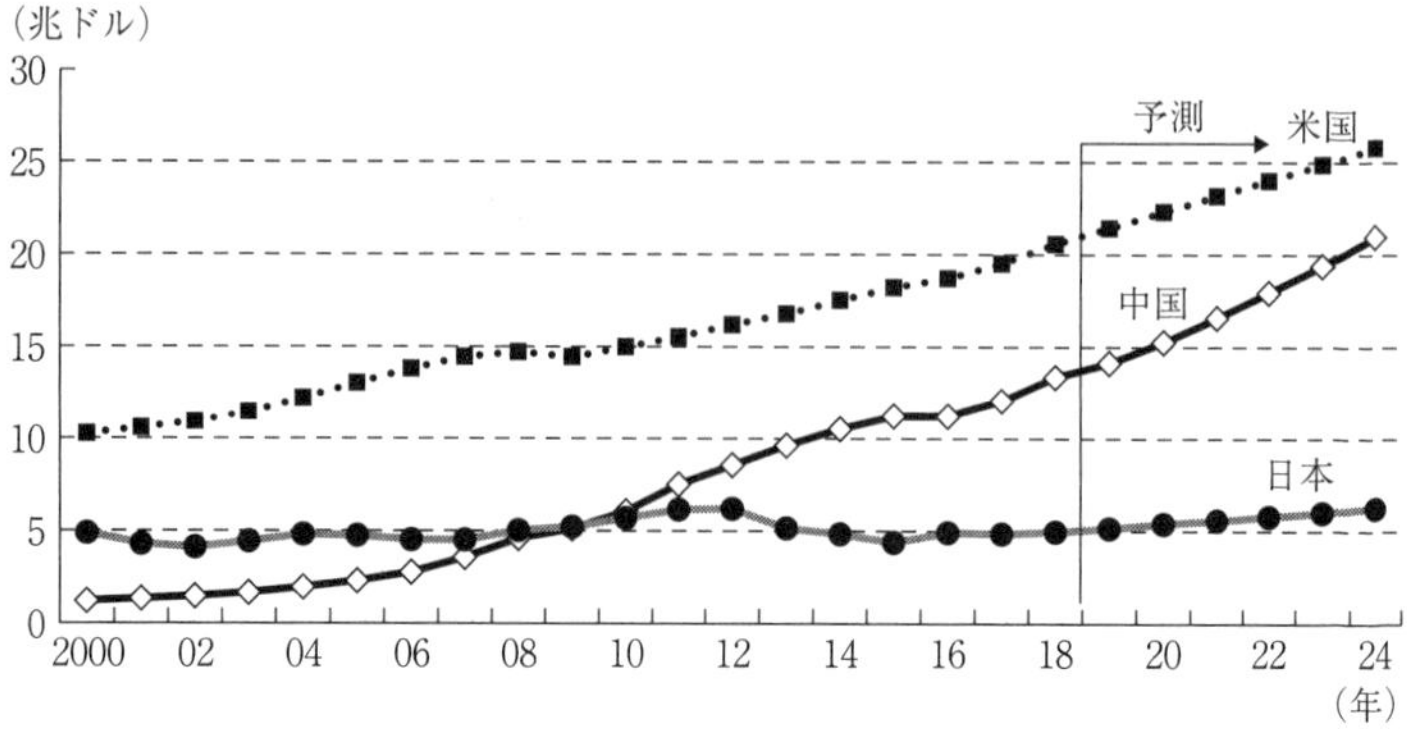

資料：IMF, *World Economic Outlook*, October 2019

米国は、中国の押さえ込みを目的として、つぎつぎに手を打ってきている。しかし、総合的な戦略は、まだない。

私の結論を先に言えば、米国はおそらく最終的に中国の押さえ込みに成功することはないであろう。それでも米中の対立関係は続いていく。米国が中国の押さえ込みは難しいと判断し、中国が米国との対立関係は中国の方向性の転換がない限りやむことはないと分かるまで、両国の摩擦とせめぎ合いは続くであろう。

両国がそういう理解に到達して、初めて、その時点の力関係を反映した米中の新たな付き合いの仕方、中国が言い続けてきた「新型大国関係」が出来上がるであろう。

しかし、それまでの間は、相手を読み違える可能性があるということである。米中衝突も起こり得るということであり、そうなれば世界全体の不幸となる。特に台湾、香港、新疆に対する米国の動きを見ていると、負けると分かっていてもやらざるを得ないところに中国を追い込みかねないことが懸念される。米中衝突、それも軍事衝突の蓋然性が高まってきている。そうならないように米中に働きかける力を持つ国は、日本しかない。日本外交は積極果敢に動く必要があるのだ。

3　米中対立の核心としての科学技術の行方

科学技術の死活的重要性

経済発展における科学技術の重要性については論をまたない。軍事史を眺めても、科学技術の進歩が、兵器を変え、戦略を変え、戦争そのものを大きく変えてきた。その軍事力は、それを支える経済力がなければ実現不能だ。中国が重要な先端技術分野で米国を抜いたという事実ほど、米国有識者の対中観を変えたものはないであろう。それは、経済のみならず軍事安全保障においても、中国が米国に挑戦する能力をつけたことになるからである。

今日、米国の軍事支出は中国の4倍である[6]。これに蓄積が加われば、米国の軍事力は圧倒的優

（6）　2017年の軍事支出は、中国は1505億ドルなのに対し、米国は6028億ドルとなっている（IISS The Military Balance 2018）。

位にある。しかし次世代通信規格「５Ｇ」のケースが示すように、どこか根幹の技術で水を空けられるとシステム自体が一挙に老朽化し、場合によっては軍事力の逆転さえ起こり得る。だから米国は、軍事技術においても中国、そしてロシアと正面から向き合い、本格的に対抗することにした。

わたしは、米国の国防総省が、自分を圧倒的不利に追い込むような技術を外国に先行発展させるようなことを許すはずがないと考えてきた。それほど米国は先を進んでいたのだ。

昔、先輩方から、ＩＢＭやコダックといった会社は、自分たちが入社したころは仰ぎ見るような偉大な存在であり、あのような会社になるのが夢であった、という話を聞いたことがある。その偉大な存在が、いつの日か追いつかれ、場合によっては追い抜かれてしまった。

国防総省にも油断があったし、急速に変貌する技術発展の流れをタイミング良く把握することに失敗したと言わざるを得ない。それが今日の事態を招いている。だが米軍はときどき間違いを犯すが、自己修正能力はある。太平洋戦争で、日本軍は最後まで日露戦争で確立された戦術を修正できなかったが、米軍は途中で大幅修正をした。今日の事態が将来の危機を招くと認知した米国の国防当局は、必要な修正を始めているはずだ。

科学技術の経済、軍事、社会、そして政治に対する影響は、もともと大きかった。しかし、今日ほどその影響が顕著となり、重要性が強く認識されたことはなかった。その最大の原因が、急速に加速した技術革新のスピードにあるのではないだろうか。科学技術は、国際競争の中心に躍り出てきたのだ。

科学技術の管理は難しく、国際協力の道しかない

科学技術の未曾有の急速な発展に直面して、人類は、果たして科学技術の発展を有効に管理する「知恵」を持っているのだろうか。昔からあるこの疑問が、緊迫性を持って再び問いかけられている。今日の急速な科学技術の変転の時代に、昔式の競争をしても優位を保てるのはわずかな時間であり、しかもすべてにおいて優位に立つことは不可能だ。

そうであるならば、新しい技術を含めて国際社会が大きなルールを定めて、ある意味で共同管理をする時代となったと言える。例えば、生命医学には最低限の倫理がある。それがある種の国際ルールとなっていると言えなくもない。まず、何か、そういう大きな枠組みを構想すべきではないだろうか。

技術管理は実に難しい。東西冷戦時代、西側は対共産圏輸出統制委員会(COCOM=ココム)という国際組織を作り、西側から東側への徹底した輸出管理を行い、技術の流出を防ごうとした。産業技術についてはある程度成功した。しかし軍事技術に関しては必ずしも成功してはいない。ソ連の独自技術の発展もあったが、諜報活動によりかなりのものが盗まれたからだ。

しかも一度、人間の頭脳にすり込まれれば、ノウハウはもう消すことはできない。昔、軍縮・軍備管理の仕事をしたことがあるが、核兵器を廃絶できない最大の理由がここにあった。一度廃絶しても他国が極秘裏に再製造することを完全に阻止する方法がない以上、必要最小限の核兵器を保有せざるをえないというのが現実であった。

米国は、ついに中国の技術発展を抑えにかかった。だが完全に抑えることができないことも、よく知っていることだろう。一昔前、日本の製造業に打ち負かされたヨーロッパは一つの教訓を学んだと聞いたことがある。それは「負けない技術を持つ」ということだ。中国の挑戦を受けている米国も、中国に負けない技術を持ち続けることが、実は王道なのだ。

今日、米国がとっている措置は、中国の技術発展を少し遅らせることはできるが、止めることはできないであろう。他方、中国自身も国家としての勢いは、すでにピークを過ぎ始めていると見るべきであろう。また、国内統制を強化し管理を強める体制にシフトすればするほど、自由な発想と、民間部門の活力と創造力を傷つける。

米国は、中国の急迫にパニックになるのではなく、もう少し余裕をもって中長期的かつ総合的にものごとを考え、総合的な国家戦略を構築すべきである。

それは何よりも、米国経済と社会の再生である。「双子の赤字」（経常収支の赤字と財政赤字）の、米国経済にもたらすマイナス効果については１９８０年代から言われてきた。いかにして米国経済を再生するか、その対応策を検討し、実施していくべきである。そして世界から多くの人材が集まり、米国人として活躍できる米国の持つ圧倒的優位性をさらに磨けばよい。移民による人口増が続く米国は、そう簡単に白旗を掲げるような事態にはならないのだ。

さらに、米国の民主主義を再生させなければならない。カーター、レーガン両大統領が推進した新自由主義経済は、米国社会に歪みを生じさせ、共和、民主の二大政党は米国社会を公平に代表する政党ではなくなった。グローバリゼーションのせいにされているが、米国の抱える問題の主たる原因は、「小さな政府」と経済の自由化・規制緩和である。格差が拡大していくなかで、多くの米国国民が自分たちの利益を代表してくれる政党はないと感じ、トランプ大統領を登場させた。

米国の政治は、この国民の不満に正面から向き合い、多くの国民が納得する民主主義、民主政治を取り戻さなければならない。しかし、その努力は決して経済のリベラリズムおよび多国間主義と相反するものではない。米国国民が、このことに1日も早く気づくことを心から願う。

その次に、米国は、もはや自国だけでものごとを決め、結果を出すことに限界がある現実を、理解すべきである。「米国を再び偉大に!」というスローガンが飛び交っているが、自分でルールを決めて世界に守らせようとしても、米国にその力は、もはやない。この現実を受け入れ、より多くの国々と協働することを考え、少なくとも同じ価値観を共有する国々とは共同歩調をとる必要がある。米国も世界が遵守するルールを必要としているのである。

最後に、トランプ政権の一国主義的対応は、国際ルールに違反し、米国のリーダーシップに対する信頼を損ない、毀損している。米国のリーダーシップに対する信頼度がさらに低下すれば、多くの国々は米国への依存を減らし、自国にとってベストの対外関係を構築するであろう。それは決して米国の利益ではない。米国は多国間主義に戻る必要がある。米国にとって受け入れ可能な多国間主義の有り様が、米国の現時点で考究すべき最重要課題であって、その否定ではない。

科学技術についても米国は、多国間主義に立ち戻るべきなのだ。当然、熾烈な競争は続く。中国が優位に立った戦略的に著しく重要な領域について、中国の進歩を遅らせ、価値観を共有する国々との協働を強化することに反対はしない。しかし国際ルールに従うべきだ。ルールが不十分であったり不明確であったりするのであれば、同時にルールの確定作業を提唱すべきである。

最終的には、この節の冒頭で述べたように、加速化する科学技術の発展を前に、国際社会が科学技術の発展そのものに大きな枠組みやルールを構築しなければ、人類は科学技術に対するコントロールを失いかねない。そういう協働作業をすることこそ、永続的な人類の平和と繁栄を保つ唯一の道なのだ。

ここにおいても日本は積極的に関与していかなければならない。外務省で核軍縮の責任者をしていたころ、被爆体験を持つ日本こそが、その先頭に立つべきだという声を多く聞いた。しかし核保有国が自国の安全保障が担保されると納得しなければ、道義的理由で核兵器を手放すことはない。核保有国が納得する現実的な核廃棄の政策、つまり核軍縮政策は、核兵器を徹底的に理解しなければ策定不能なのである。先端技術の国際ルール策定も、実は日本がトップ・グループを走る実力を保有していない限り、実のある貢献はできない。日本における産業政策としての科学技術の振興も、まさに喫緊の課題としてわれわれの眼前にあるのである。

【本章のポイント】

- 現在の世界は自由と民主主義を指導原理とする戦後国際秩序に逆風が吹いているが、中国の台頭によって今とまったく別の国際秩序ができ上がることはない。中国経済は国際経済の不可分の重要な一部になっており、米中の対立関係もかつての東西冷戦とは大きく異なる。

・中国が重要な先端技術分野で米国を抜いた事実ほど米国人の対中観を変えたものはない。経済だけでなく軍事安全保障でも米国に挑戦する能力をつけたことになるからで、米中の摩擦とせめぎ合いは続く。しかし、技術の管理は難しく、中国の技術発展を少し遅らせることはできても止めることはできないだろう。

・加速化する科学技術の発展を前に、国際社会が科学技術の発展そのものに大きな枠組みやルールを構築しなければ、人類は科学技術に対するコントロールを失いかねない。そういう協働作業をすることこそ、永続的な人類の平和と繁栄を保つ唯一の道だ。

【参考文献】

ISS（2018）*The Military Balance* 2018. International Institute for Strategic Studies

Pillsbury, Michael（2015）*The hundred-year marathon: China's secret strategy to replace America as the global superpower*. Henry Holt and Company（邦訳『China 2049』野中香方子訳、日経ＢＰ）

第2章

米国の対中国政策
関与・支援から競争・分離へ

佐橋 亮（東京大学東洋文化研究所准教授）

米国の対中姿勢

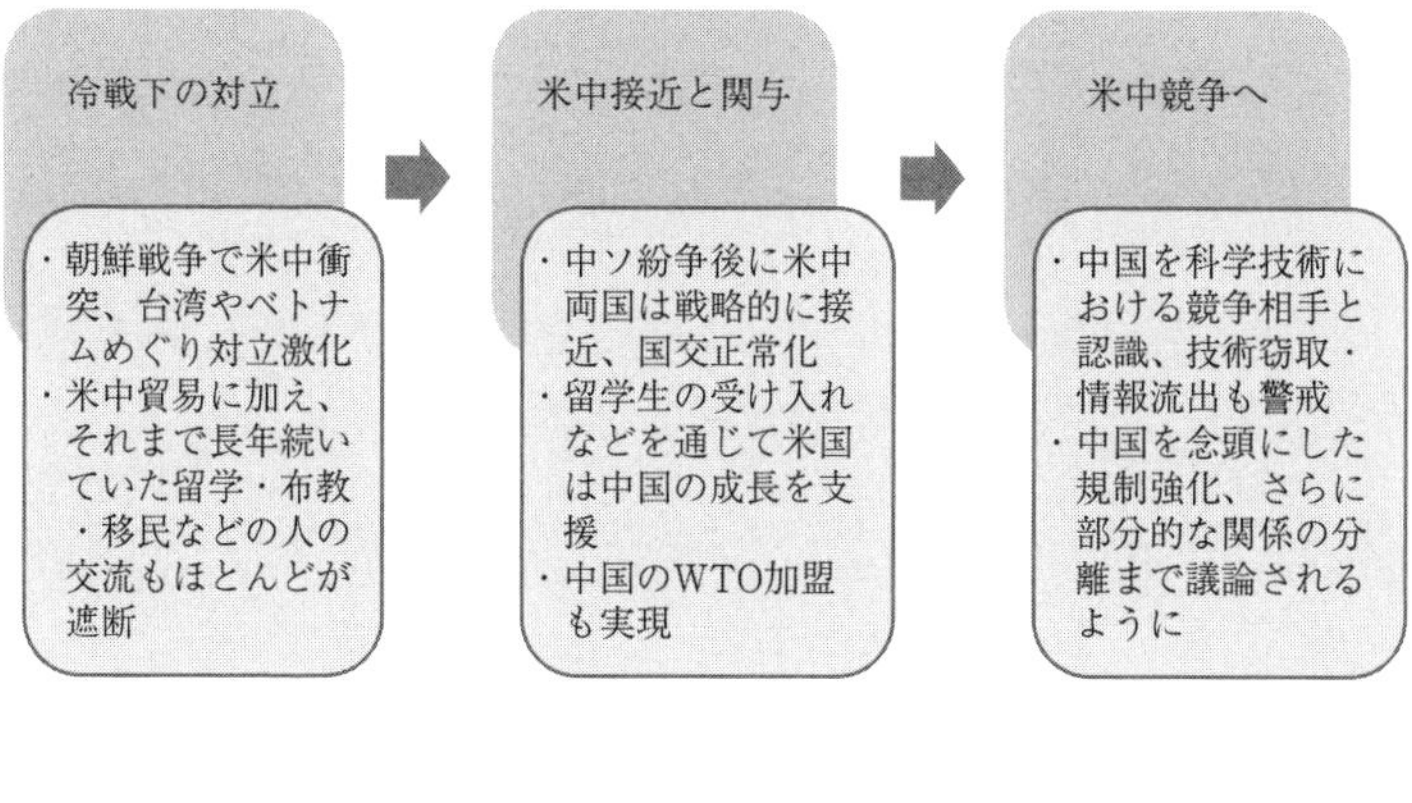
冷戦下の対立
・朝鮮戦争で米中衝突、台湾やベトナムめぐり対立激化
・米中貿易に加え、それまで長年続いていた留学・布教・移民などの人の交流もほとんどが遮断
米中接近と関与
・中ソ紛争後に米中両国は戦略的に接近、国交正常化
・留学生の受け入れなどを通じて米国は中国の成長を支援
・中国のWTO加盟も実現
米中競争へ
・中国を科学技術における競争相手と認識、技術窃取・情報流出も警戒
・中国を念頭にした規制強化、さらに部分的な関係の分離まで議論されるように

1　根底から見直されつつある米国の対中姿勢

関与と支援

冷戦期の米国と中国は、朝鮮戦争での軍事衝突、台湾海峡やベトナムをめぐる度重なる危機にみられたように、激しく対立する関係にあった。ときに米ソ以上に互いを非難した両国が接近を図ったのは、中ソ国境紛争（１９６９年）によってソ連への強い恐怖を覚えた中国最高指導部と、中ソ対立を活用して対ソ交渉など外交を有利に進めることができると考えたニクソン政権の思惑が一致したことによる。

それは、短期的な接近にとどまらず、大局をみた関係構築へと発展していく。中国は、ソ連に対する牽制を期待した当初のもくろみをこえて、米国とその西側同盟国から資本と科学技術、さらに兵器を導入することで近代化を図ろうとした。他方で、中国が米国に提供できる価値はソ連に抗するアジアの潜在的大国という戦略的なものに過ぎず、さらにその政治体制は自由主義と相いれるものではなかった。

しかし、米国の歴代政権は中国を包みこみ、2国間関係を維持することに注力し、国交正常化後には大規模な支援を与えていくことになる。天安門事件や第3次台湾海峡危機なども、むしろ米国の中国への関与姿勢を定式化させることにつながった。中国の台頭が現実味を帯び始めた今世紀に入っても、関与と支援からなる基本的な枠組みは変わらなかった。

競争と分離

その基本的な枠組みが、トランプ政権期に大きく揺さぶられている。もはや米国の政策関係者の間では、関与やパートナーシップという言葉さえ使われることは稀である。報道では米中貿易交渉とその過程における関税賦与の応酬が注目されがちだ。しかし中国は、科学技術政策そのもの、軍事力の近代化、南シナ海における人工島建設と軍事化や海外への大規模サイバー攻撃、「債務の罠」が批判されている援助政策、さらには人権問題や政治工作活動、台湾政策など、実に多くの次元で批判にさらされている。

そのなかで登場したアプローチが、中国に対する競争というものだ。「(中国からの挑戦が、)単なるパワーと影響力といった現実政治の次元だけでなく、より深い社会政治的なオペレーティング・システムの次元にまでかかわる[1]」なかで、米国は優位を保つ状況を保持しようとする。人権や民主主義といったイデオロギー的な側面も最近では強まっているが、競争の観点で重要視されたのはやはり中国の科学技術力であり、これまでの中国との経済社会的な相互依存のあり

(1) Remarks by Christopher Ashley Ford, "Strategic Weapons in the 21st Century: The New Dynamics of Strategic Conflict and Competition", Washington, DC, March 14, 2019.

方だった。先端技術において米中科学界、産業界の水準が接近しつつあるだけでなく、中国が技術窃取や企業買収、科学交流や人材獲得などを通じて巧みに技術優位を図りつつあるとの問題意識が強まり、軍民融合への警戒も高まった。また情報通信サービス分野をはじめとして、中国への生産依存がもたらす情報流出への潜在的リスクが広く理解されていく。

このような課題に対応するため、中国との経済社会関係を分離するべきとの議論が米国では展開されるようになっており、また具体的政策として米政府各部門による規制が強化されつつある。

米国の対中関与方針と中国への支援は、中国の成長を実現した最大の要因の1つであったといっても過言ではない。それにより中国の科学技術は発展し、世界貿易機関（ＷＴＯ）加盟は工業化を後押しした。この基本的な枠組みが全面的に見直されれば、中国の経済社会、さらには政治のあり方に大きなインパクトが与えられることは言うまでもない。くわえて、安定した米中関係を織り込んできた国際秩序に、さらに中国との相互依存を前提にしてきたグローバル・バリューチェーンや社会関係にも、大きな変容が生じることだろう。

本章は、米国の40年にわたる対中関与政策、科学技術交流の流れを概観したのち、トランプ政権での大きな変化について論じていきたい。

2　過去40年間の米国の対中関与政策

戦略的価値と楽観主義に彩られた国交正常化直後

ニクソン大統領とキッシンジャー大統領補佐官によって米中接近の試みが始まる。1972年の大統領訪中により外交関係は樹立されたものの、台湾問題での折り合いや、米中両国の政治混乱により、国交正常化に向けた交渉は頓挫していく。

1977年に就任したカーター大統領は、国内政治とそのスケジュールをにらみながら、早い段階での米中国交正常化を目指して、再び中国との交渉に乗り出す。その際に対ソ協力と並び登場した材料が、中国に対する科学技術支援だった。国交正常化交渉に先立ち、プレス大統領科学顧問が訪中する。ブレジンスキー大統領補佐官も訪中時（1978年）に、「近代化し、他国から脅かされず、強い中国」こそ米国の利益に適うと繰り返し中国指導者に保証している[2]。

国交正常化を受けて軍事協力[3]、情報協力、留学生の受け入れを軸とする科学技術交流が始まり、さらに1980年、最恵国待遇が開始されたように、中国には大きな恩恵が与えられる[4]。輸出管

(2)　*Foreign Relations of the United States*, 1977-80, Volume 13, China, doc. 108.

理においても、米国由来の技術を多く含むフランスからの核融合炉の輸出が許可されるなど、緩和は明らかだった。アフガニスタンにおける米中協力もあり、非殺傷兵器の輸出も可能になった[5]。

レーガン政権は、選挙キャンペーン中に米台関係を重要視する発言を行っていたものの、中国との協力を引き続き推進した。情報・軍事協力（武器売却を含む）、留学生の受け入れも続けられる。商務長官訪中（1983年）により輸出管理はさらに緩和される。アフガニスタン、さらに国際情勢を広く見渡して米中軍事交流も重要視され、1984年に中国は有償軍事援助対象国となり、翌年には統合参謀本部議長の訪中が実現している。

これらの動きを後ろから支えたのは、70年代以上に強まりをみせた楽観主義だ。訪中に際してレーガンは中国を「いわゆる共産主義国家」と表現した[6]。中国への資本主義導入に対する産業界の期待も強く、それは経済紙の論調にも反映された[7]。人権問題、中国のミサイル拡散など問題は山積していたが、それらが対中政策の骨格を変えることはなかった。

固定化される関与政策

天安門事件（1989年）が米国社会に与えた衝撃は大きい。米国の中国政策には、将来に中国が自由化していく、という「神話」が存在していたところがある。ソ連を睨んだ戦略的思想だけで市民を納得させることはできず、自由主義との矛盾がないと楽観できたために中国への接近は正当化できた。天安門事件はその基盤を否定することになった[8]。

しかし、「(天安門事件による) 米国社会の雰囲気の変化は、対中政策に新たなコンセンサスを作らなかった。むしろ、それは分裂を生んだ」[9]。ブッシュ（父）政権は2回にわたりスコウクロフト大統領補佐官を派遣したことにみられるように対中関係の維持を重視し、メディアの厳しい論調と対立していた[10]。中国人留学生問題（その多くは帰国を恐れた）で主導権を握ったペロシ下院議員の動きにみられるように、連邦議会は行政府と異なる独立した政策アクターとなっていく。

（3）キッシンジャー補佐官が中国の核兵器運用能力を支援しようと動き、ブレジンスキー補佐官も対ソ協力のため多くの情報を開示する。Yunzhu Yao, "Sino-American military relations: from quasi-allies to potential adversaries?" *China International Strategy Review* (2019) 1:85-98.

（4）Harry Harding, *A Fragile Relationship: the United States and China since 1972*, Brookings Institution, 1992, pp. 95-100. Michel Oksenberg, "A Decade of Sino-American Relations," *Foreign Affairs*, Vol. 61, No. 1 (Fall, 1982), pp. 175-195.

（5）Harding, *A Fragile Relationship*, pp. 91-93、ジェームズ・マン『米中奔流』共同通信社、１９９９年、１６９―１７４頁。

（6）Harding, *A Fragile Relationship*, pp.144-5. Presidential Remarks to Chinese Community Leaders in Beijing, China, 27th of April, 1984.〈最終アクセス日：２０１９年8月28日 https://www.reaganlibrary.gov/research/speeches/42784a〉

（7）Harding, *A Fragile Relationship*, pp.169-172.

（8）Richard Madsen, *China and the American Dream: A Moral Inquiry*, University of California Press, 1995, pp.1-27.

（9）Harding, *A Fragile Relationship*, p. 243.

（10）マン、前掲書、３２８―３３７頁。Harding *A Fragile Relationship*, pp.252-289.

対中関係が新たなロジックを必要としていることを悟った政府は、ソ連牽制ではなく、ミサイル、核兵器、化学兵器の不拡散、環境問題での重要な協力相手として中国との関係を正当化する。[11]政権末期、低い支持率のまま大統領選が迫るなかで、ブッシュ政権の対中政策は、議会工作の本格化、中国政府との交渉を通じて成果獲得を目指すものとなる。中国のミサイル技術管理レジーム（ＭＴＣＲ）への加入を受けて、さらなる輸出管理緩和も実現する。[12]

経済を優先課題に挙げたクリントン政権が直面したのは、中国に米産業界が大きく期待を寄せる現実だった。中国経済は１９９２年で12％、翌年以降も急成長を維持する。兵器を含む完成品の輸出相手、そして期待の持てる直接投資先として中国の魅力が高まっていた。

選挙キャンペーンにおける中国たたきや、連邦議会における厳しい雰囲気にもかかわらず、政権の人権問題への配慮はあっさりと変節する。１９９３年秋、クリントン政権は包括的関与政策を発表した。アジア太平洋経済協力会議（ＡＰＥＣ）での米中首脳会談により、兵器輸出の再開も決まる。翌年には最恵国待遇（ＭＦＮ）更新と人権問題の切り離しが声明される。

台湾海峡危機や、米社会で芽生えた中国脅威論も状況を変えなかった。中国との対話は多くの政府最高レベルの文書で強調されることになる。１９９７年6月、天安門事件より8年のタイミングでバーガー大統領補佐官が行った演説も、関与政策の重要性――中国が国際社会に歩みを進めれば普遍的価値観は広がる、すなわち関与を通じて中国は変えられる――を訴えるものだった。[13]中国による軍事技術窃取疑惑に関して議会に設けられたコックス委員会の報告の一部が機密指定を解除されたが、それも大きな政治的影響はなかった。最恵国待遇の恒久化が米国で法制化され、

中国はＷＴＯに加盟する。(14)

潜在的なライバルと見なし始めたブッシュ（子）政権

ブッシュ（子）は、選挙キャンペーンから中国を戦略的なライバルとして意識した発言を行っていた。さらに就任まもなく、海南島周辺にて米偵察機ＥＰ－３と中国人民解放軍の接触事案が起こる。事態が沈静化した直後に台湾武器売却を行うなど、ブッシュ政権の姿勢は頑なだった。国務省が関与政策を対外的に再強調していた一方で、政権内では中国を主眼に据えた戦略議論が活発化していた。中国が米中心の国際秩序を脅かす存在になりかねないという恐れをもった、

（11） イーグルバーガー国務副長官は「関与」概念も用いた。公聴会は以下で視聴可能（最終アクセス日：２０１９年８月28日）https://www.c-span.org/video/?11064-1/us-china-policy くわえて、James A. Baker, III, "America in Asia: Emerging Architecture for a Pacific Community," *Foreign Affairs*, Winter 1991/92.

（12） Robert S. Ross, "The Bush Administration: the Origins of Engagement," In Ramon H. Myers, Michel C. Oksenberg, and David Shambaugh（eds.）, *Making China Policy: Lessons from the Bush and Clinton Administrations*, Rowman & Littlefield, 2001, pp.21-44.

（13） Remarks by Samuel R. Berger, "Building a New Consensus on China," Council on Foreign Relations, 6th of June, 1997.

（14） ＷＴＯ加盟交渉については、藤木剛康（２０１７）『ポスト冷戦期アメリカの通商政策：自由貿易論と公正貿易論をめぐる対立』ミネルヴァ書房。Robert Suettinger, *Beyond Tiananmen*, Brookings Institution Press, 2003, pp. 358-409.

静かな再検討過程だった。(15)

2001年9月までに完成した「防衛戦略レビュー（DSR）」は、同盟の弱体化、他国による精密誘導兵器の獲得、米本土を狙う大陸間弾道ミサイル・大量破壊兵器等の取得といったことが現状への挑戦になり得ると考えていた。ここでは中国が想定されており、それへの対応として同盟国への安心供与、抑止・戦争遂行能力の確保、「諫止《かんし》」をDSRは挙げる。諫止とは、米国の軍事優越への対抗を図るような能力の開発を断念させることを意味しており、DSRの目玉となるアプローチだった。一方で、当時の対中戦略において封じ込めや体制変革は明確に否定されていた。(16)同時多発テロ事件発生によりこの文書は公開されず、4カ年ごとの国防見直し（QDR）に諫止の概念は簡潔に登場するに終わる。

同時多発テロ事件発生後、中国がブッシュ政権に対テロ戦争での支持と協力をもちかけるなど、2カ国間関係での進展がみられる。それもあって米社会における対中強硬論は沈静化していき、中国の成長を認めつつも過度に危険視しない風潮になった。(17)政権内では、前方展開の再編とともに、中国に関する議論は静かに続いていくことになる。

国際秩序への挑戦者だが対話相手と見なしたオバマ政権

グローバル金融危機の最中に船出したオバマ政権は、実力を高めただけではなく自信も深めた中国と直面することになった。(18)安全保障政策では徐々に深まる対中不信と、それを裏付けるイベントの発生が国交正常化後に存在しなかったほどの対中警戒をもたらしつつあったが、オバマ政権は最後まで外交と対話の重要性を忘れず、グローバル課題での中国の協力も評価した。

オバマ政権の対応はアジアへの旋回（ピボット）であり、後に再均衡化（リバランス）と呼ばれる。「リバランスの核心は中国の台頭に対処する米国の力を改善すること」にあった(19)。オバマ政権は東南アジア諸国との多国間主義に積極的に参加することに加え、米軍のプレゼンス維持、2カ国安全保障協力、そして米軍主導による多国間協力メカニズムの強化に多くの資源を割く。環太平洋経済連携協定（ＴＰＰ）交渉も戦略的な関心から重要視された。軍事専門家たちは中国の精密誘導兵器の導入など、米軍の戦力投射への長期的な影響を危惧した（エアシーバトル論争）。

オバマ政権、とくに2期目では中国の台頭への警戒心は極めて高まっており、とりわけ大規模なサイバー攻撃と南シナ海問題が大きな背景となった。関与政策を通じて中国を国際社会における貢献者にすること、また民主化への道筋をつけるという2つの期待は消失したといわれ、「変

---

(15) Nina Silove, "The Pivot before The Pivot," *International Security*, 40:4、秋田浩之『暗流』日本経済新聞出版社、２００８年。
(16) Silove, "The Pivot before the Pivot," pp. 53-58.
(17) David Shambaugh, "Sino-American Relations since September 11: Can the New Stability Last?" *Current History*, Sep 2002, 243-249.
(18) Joseph Nye Jr., "The consequences of Chinese overconfidence" *Los Angeles Times*, 19 of April, 2011.
(19) Derek Chollet, *The Long Game: How Obama Defied Washington and Redefined America's Role in the World*, New York: Public Affairs, 2016, p.57.

節点」を超えたという言説が広く流布する[20]。

関与政策は本来、民主化を目指したものではなく2国間関係の管理と国際協調への期待を込めたものだったが、中国の内政、外交への失望がそのような期待消失論を生んだといえる。中国の外交方針に加え、外国の非政府組織（NGO）による中国国内の活動を規制する「海外NGO管理法」も中国の異質さを強く印象づけることにもなる。

外交安全保障にかかわる政策サークルにおいて対中認識は厳しいものとなり、外交問題評議会の報告書にみられるように中国台頭阻止論さえ芽生えた[21]。しかしオバマ政権は、秩序への長期的な影響を考慮しつつも、それと関与方針とのバランスを最後まで意識して行動した。中国専門家のなかにも、中国の影響力は依然として低いとか、中国は多国間協力へのフリーライダー（ただ乗り）に過ぎないと限定的な見方をする向きが多かった[22]。

3　米中科学技術協力の展開

中華人民共和国建国以前の交流

米国と中華人民共和国との交流や協力関係のほとんどは、米中国交正常化（１９７９年）以降に構築されたものだ。もちろん、中国と米国には長い交流の歴史がある。18世紀にチャイナ・エンプレス号が清朝との交易を成し遂げ、その後も多くの宣教師と移民が中国大陸に渡った。米国人にとって中国は、アジアにおける商業、道徳的情熱の点から大きな関心を惹く存在だった。中国人の目にも勢力圏の確定に急ぐ欧州と米国は異なるものと映り、若き毛沢東のように憧れを抱く者もいた。しかし、国連軍と中国人民志願軍が直接に激突した朝鮮戦争（１９５０―53年）により、米中両国は外交的に対立しただけでなく、米国の全面的な禁輸により経済社会関係も遮断された。

中華人民共和国建国（１９４９年）前から、中国大陸から米国には通算で2万人にも上る留学生がいた（図表2―1）。中国人留学生の専攻分野は4割が工学、自然科学であり、そこに医学と農学を加えれば概ね半数を構成する。中華人民共和国建国直後から１９５３年までは流入数が増加しており、49年からの4年間でさらに1万５０００人が米国の学生となる。専攻分野の比率はこれらの期間を通じてほぼ変化はなく、科学分野が人気を博していたことが分かる。

彼、彼女らの子孫には、米欧に残り、優れた科学者として、または産業界はじめ各界のリーダ

---

(20) Remarks by David M. Lampton, "A Tipping Point in U.S.-China Relations is Upon Us" Carter Center and the Shanghai Academy of Social Sciences, 6-7th of May, 2015.

(21) Robert D. Blackwill and Ashley J. Tellis, *Revising U.S. Grand Strategy Toward China*, Special Report (Council on Foreign Relations), no.72, 2015.

(22) デイビッド・シャンボー『中国グローバル化の深層』朝日新聞出版、２０１５年。Thomas J. Christensen, *The China Challenge*, Norton, 2015.

図表２－１　「解放」前中国における米国留学の推移（1900―49年度）

年　　度	高等教育機関入学者数
1900―1904	51
1905―1909	302
1910―1914	604
1915―1919	1,057
1920―1924	1,994
1925―1929	1,638
1930―1934	977
1935―1939	1,054
1940―1944	1,064
1945―1949	4,675
未　　詳	5,132
合　　計	18,548

出所：阿部洋「中国人の米国留学」『東亜』201号（1984）49頁より

ーになったものも多い。中国系の米国人・ノーベル賞受賞者は４名いるが、２００８年にノーベル化学賞を受賞した銭永健（ロジャー・チェン）の父は、国共内戦前にマサチューセッツ工科大学（ＭＩＴ）に留学した中国生まれの人物だ。１９９７年にノーベル物理学賞を受賞し、その後オバマ政権の閣僚になるスティーブ・チューの父も、同じくＭＩＴで博士号を取得した留学生の１人だ。残る２人の受賞者、崔琦（ダニエル・ツイ）（１９９８年ノーベル物理学賞）、高錕（チャールズ・カオ）（２００９年ノーベル物理学賞）は、日中戦争後に香港を経由して大陸を出て、欧米で高等教育を受けている。

米国で教育を受けたあとに帰国し、中華人民共和国建国後の科学を牽引することになった銭学森のような人物もいる。銭はＭＩＴ、カリフォルニア工科大学で学び、後者の教授になったあとに赤狩りに巻き込まれ、長年の軟禁の後に米軍パイロットとの交換で中国に帰国し、宇宙開発の父になった。ロジャー・チェンの父と銭学森は従兄弟にあたる。(23)

なお、国交正常化後の中国人留学生からノーベル賞受賞者はまだ生まれていない。

国交正常化後の科学技術協力

国交正常化後、科学技術協力は2カ国間関係を支える重要なツールとなった。また当時は開発援助としての文脈からも理解されていた。(24) 技術移転を本格化したが、ここでは人の交流に注目しよう。１９７９年以降、戦前以上に強い科学技術志向を持った、中国人留学生の訪米が行われる。３０００人ほどから始まった留学生の渡米だが、80年代末までに1万５０００人を超すようになる。

図表2―2にも現れているとおり、当初は学生以上に学術交流を目的とした研究員の渡米が多く、また両国政府による奨学制度を受けるものが多数を占めた。なお天安門事件後には議会への

(23) 林幸秀『中国科学院』丸善プラネット、２０１７年、94―97頁。

(24) D・ディクソン『戦後アメリカと科学政策』同文館、１９８８年。Kathlin Smith,"The Role of Scientists in Normalizing U.S.–China Relations: 1965–1979." *Annals of the New York Academy Sciences*, no. 866, pp.128-9. 当時の議論について、以下が最も詳しい。毛里和子「科学技術と中国外交」『国際政治』83号。

図表2－2　中国人留学生の専攻別在籍状況

（1979—1981年度）

専攻別	研究員（%）	大学院生（%）	学部学生（%）
理学	40	38	22
工学	37	29	12
医学	15	8	6
人文・社会	6	17	25
語学	3	8	35
合計	100（1,862人）	100（1,268人）	100（843人）

出所：阿部洋「中国人の米国留学」『東亜』201号（1984）57頁より

ロビー活動が実り、その時点での中国人留学生や滞米科学者は全員が永住権を得た。中国からの留学生はその後も堅調に米国に渡っていくことになる。

米国には、中国に一方的に学術を開くことにとどまらず、人文・社会科学分野を中心に米国の研究者が中国で学び、史資料にアクセスすることへの期待もあった。だが、数の上では中国からの留学が圧倒的に多く、また米国研究者が特定の研究で中国入りを拒否されても、米国の大学等は自然科学・工学での交流には影響させなかった。その意味で、両国の交流には相互主義は薄かった。

21世紀に急増し不可欠となった留学生の「理系人財」

グローバル化の影響もあり、留学生数全体は過去40年で3倍程度に増加している。オバマ政権期に対中政策が見直されていくが、科学者、留学生の米国への流入はむしろ奨励されていた。中国からのF－1（学生）ビザ取得数は、21世紀に入り激増しており、オバマ政権の期間だけでも倍増している。中国系は学位取得を中心としており、H－1

図表2－3　博士号取得者の中での留学生（一時ビザ保有者）の比率

（2015年、％）

全分野	26.4
科学・工学	34.1
工学	55.6
科学	27.5
自然科学	31.4
農学	35.7
生物化学	27.5
地球・大気・海洋科学	31.6
数学・コンピュータ科学	53.0
医学	20.1
物理科学	40.2
社会科学・行動科学	18.2
科学・工学以外（人文学）	12.5

出所：National Science Board (2018) *Science and Engineering Indicators 2018*. Table 2-32. Washington DC: National Science Foundation. 宮田（2019）より引用

図表2－4　科学技術人材の人種構成比（2015年）

	合計	外国生まれ	米国生まれ
人数（万人）	640.7	192.3 （30.0％）	448.4 （70.0％）
構成比（％）			
先住民	0.2	0.0	0.2
アジア系	20.6	61.4	3.1
アフリカ系	4.8	4.5	4.9
ヒスパニック系	6.0	9.0	4.8
ハワイ・島嶼系	0.2	0.3	0.1
白人	66.6	23.9	84.9
混血	1.6	0.8	1.9

出所：National Science Board（2018）*Science and Engineering Indicators* 2018. Appendix Table 3-19. Washington DC: National Science Foundation. 宮田（2019）より引用

B（就労）ビザで入国する技術者が多いインド系と対照的だ。図表2―3に示されているように、STEM（科学・技術・工学・数学）分野での留学生・博士号取得者の割合は3割程度から5割と、それぞれの研究室の欠くべからざる人材となっている。

移民政策に関するロビー活動の担い手はマイクロソフト、インテル、全米家電協会、フェイスブック、オラクルと技術系の企業が中心であることも背景を物語っている。(25) 図表2―4をみれば、STEM分野における移民の重要性が理解できるだろう。

なお、米国への留学生は博士号取得後にも米国に長期居住するものは7割と多いが、中国系は9割近くと突出して多い。近年、中国は「海亀」と呼ばれる留学生の帰国を奨励する政策を採っているが、そもそも最も優秀な人材の多くは帰国していないという事実は、おさえておく必要があるだろう。

4　トランプ政権の対中競争戦略と科学技術政策の転換

競争相手としての中国

2018年3月以降、米中貿易戦争とも呼ばれる両政府による外交交渉と関税の応酬が注目されるようになったが、それは大統領と経済ナショナリスト主導による政治的な動きだ。他方で、貿易戦争によって生まれた中国批判の政治的動力を活用する形で、（軍や情報機関を含む）政府各省庁に存在した対中警戒論が噴出する。それは「全政府的な押し戻し」[26]とも呼ばれる。中国をロシアとならぶ競争相手と位置づけた『国家安全保障戦略』の2017年末の公表は、その先鞭をつけたといって良い[27]。

(25) Kennedy, Andrew B. (2018) *The Conflicted Superpower: America's Collaboration with China and India in Global Innovation*. Columbia University Press.
(26) Robert Sutter, "Pushback: America's New China Strategy," *The Diplomat*, November 2018.
(27) The White House,"National Security Strategy," December, 2017. 翌月の国家防衛戦略も一部公開され、中国との競争を訴えた。

図表2－5　9分野における米中先端技術の競争の現状

米国優位	競合	中国優位
・バイオ技術 ・ナノテク ・クラウドコンピューティング ・協働ロボット	・AI ・量子情報科学 ・ハイ・パフォーマンス・コンピューティング	・エクサスケール・コンピューティング ・商用ドローン

出所：「米中経済安全保障再検討委員会2017年度年次報告書」

政策変化の背景には、中国の特定の行動に対する憤りというよりは、中国が米国のパワーに接近しつつあるという切迫感、焦りがある。米政府や連邦議会は、目前に迫るライバルとして中国を対等な競争相手とみるようになったとも言える。

対中政策を過去の延長線上にとどめておくべきではない、という点では、概ねコンセンサスがみられる。中国との対決を避けるために宥和すべきとの主張は極めて少ない[28]。『ワシントン・ポスト』等に掲載された専門家の提言が示すように、赤狩りを彷彿とさせる反共主義の高まりには警戒も表明されており、詳細に見れば中国政策の進め方には議論がある[29]。しかし、軍事、科学技術における優位、国際ルールの保持、人権・民主主義の3点において、中国のあり方を疑問視する声が政府、議会、メディアにおいて支配的な論調となっている。

技術流出と中国の競争力に高まる警戒

先端分野において、中国の科学技術が米国と互角の競争をするようになったとの警戒感は、近年の米国社会で強まっている。たとえば、図表2―5は連邦議会に設けられた議員と専門家のパネルである米中経済安全保障再検討委員会の２０１７年度年次報告書に掲載されたものだ。たしかに、この表に示された評価の方法論には疑問も残るが、人工知能（ＡＩ）分野、量子情報科学分野、コンピューティング分野において中国の科学技術力がきわめて進歩したことは一般的にも広く知られる。また情報通信技術においても、次世代通信網に関する特許出願数で中国通信大手、華為技術（ファーウェイ）が突出している。

中国に対する技術優位を喪失すれば、米国の安全保障さえおぼつかなくなると考える向きもある。技術覇権は商業上の利益や、威信だけで恐れられているのではない。日常生活のあらゆる箇所に入り込むＩｏＴ（モノのインターネット）デバイスの普及、それを支える次世代通信規格５Ｇネットワークの伸長が予見されるなか、中国企業による情報通信サービスが主流となれば、「中国の戦略抑止、戦争遂行、諜報能力を強化し、米国が地域に於いて自由に作戦を遂行する能力を削ぐ結果になる(30)」と恐れられている。

さらに米国の懸念を強めたのが、米国から先端的な科学技術の成果が不正な形で流出しているという事例が相次いだことだ。輸出管理の対象になる非公知情報を米国在住の中国人研究者が持

(28) グレアム・アリソン『米中戦争前夜』ダイヤモンド社、２０１７年。
(29) "China is not an enemy," *Washington Post*, 2nd of July, 2019.
(30) U.S.-China Economic and Security Review Commission, Annual Report of 2018, November 2018. https://www.uscc.gov/sites/default/files/annual_reports/2018%20Annual%20Report%20to%20Congress.pdf（最終アクセス日：2019年９月26日）

ち出したり、米国在住研究者が中国に流出させたりする事例が多く報告されている。英国や豪州など欧米諸国に同様の事例が多くみられる。持ち出された情報により外国に「影の研究室」が作られ、また政府の支援で企業が設立される場合もある。人民解放軍との関係が疑われるものも多数報告されている(31)。

技術流出事案は、ジョイントベンチャー（合弁）やフロントカンパニー、サイバー攻撃を通じたものだけではなく、情報機関と直接の関係なく科学成果や技術の窃取を行う「非伝統的な収集者」や内部協力者によっても生じている。

非伝統的収集者は、例えば米国の研究者と協力して国立衛生研究所（ＮＩＨ）の助成を得た研究を進める際に、自国などで得ている他の研究助成の存在を隠匿し、研究成果の特許申請を協力相手の承諾なく行ってしまう。２０１８年2月に上院で行われたレイ連邦捜査局（ＦＢＩ）長官の証言、またＦＢＩによる大学に向けた注意喚起は、そのような非伝統的な収集者と内部協力者への対処を求めている(32)。最近でも、ハーバード大学学科長が中国政府の「千人計画」に協力し、多額の報酬を長年にわたり得ていたことが明るみになったが、虚偽の報告を聴取に際し行なっていたこともあり、司法省に訴追された。

各省庁も対応を進めている。２０１８年夏に成立した２０１９年度国防権限法のもと、輸出管理改革法（ＥＣＲＡ）、外国投資リスク審査近代化法（ＦＩＲＲＭＡ）が成立することになり、輸出管理と直接投資規制の土台が構築された。

商務省は、ファーウェイと関連企業、コンピューティング大手企業、原発関連企業、監視カメラ関連企業など、多数の中国企業を国家安全保障・外交政策上の利益を害する活動に従事することを意味するエンティティー・リストに掲載した。米国からの輸出、および米国産の付加価値を原則として25％以上含む第三国からの再輸出は規制対象となるが、この比率を下げるという案も報道されている。また２０２０年より、財務省の下にある対米外国投資委員会（ＣＦＩＵＳ）は強化された権限を本格的に始動させる。

ほかにも、エネルギー省は中国を念頭に人材獲得プログラムへの参加禁止を打ち出し、ＮＩＨも研究資金の受給機関への外国政府の資金関係調査を始めている。司法省、ＦＢＩも技術流出にかかわる捜査と注意喚起に努めている。中国製を意識したうえで、外国製通信設備の導入を広く禁ずる大統領令も２０２０年に施行される見込みだ。

今後の焦点は新興技術（エマージング・テクノロジー）をめぐる規制であり、ＡＩなど特定分野を念頭に、米国と同盟国の優位性を脅かす場合に、半導体製造装置など関連する基盤技術を含

（31） Alex Joske, "Picking flowers, making honey," ASPI, 2018. 人民解放軍と関係のある研究機関のリストとして、"Chinese Defense Universities Tracker," ASPI, https://unitracker.aspi.org.au/

（32） 以下の米国血液学会の記事はまとまっている。Emma Yasinski, "The Spy Next Door?", *ASH Clinical News*, 15th of July, 2019. https://www.ashclinicalnews.org/spotlight/feature-articles/spy-next-door/（最終アクセス日：２０２０年1月28日）。また米政府の科学コミュニティへの働きかけとして、Executive Office of the President, Office of Science and Technology Policy, "Letter to U.S. Research Community," 16th of September, 2019.

めた輸出管理強化が国際レジームの場などで検討されている。

分離とその限界

科学技術を育むオープンな環境を維持しながら、いかにして先端を走る科学技術の成果を不正な流出から守るか。米国の科学界が直面している課題は、簡単に解けるものではない。

科学技術の先端的な知見がスポイトで吸い上げられるように不正に移転されていることは事実だが、米中科学交流は長年にわたり見事に結びつき合ってきた。朝鮮戦争が勃発した際、米国政府は安全保障の上で機微な技術に関わっていた中国人科学者の帰国を禁止したといわれる。中国政府が「千人計画」などタレント（人材獲得）プログラムを行い、また学会や講演という形式での旅行も活発な現代において、自由主義、学問の自由と両立可能な有効な手段は何か問われている。

外交安全保障サークルでは、中国との「部分的不関与」とか「（特定企業を対象にした）標的型の分離（ディカップリング）」を目指すべきという議論が勇ましく展開されている。政府高官は最近、封じこめと並び分離も考えていないとのメッセージを方々で発信しているが、米国の科学技術の優位を維持するためにも中国への輸出管理を強化すべきという、輸出管理の本来の目的を拡大解釈したとも思える政策目標が政府文書に記載されることもある。「平等な競争空間」を求めるといっても、米国の狙いは明らかだ。不正な手段での成果流出は世界的な課題だが、目標における米国と他国のずれも意識しておく必要がある。

もちろん、米国にも、科学技術における優位を保つためには、まず科学予算増額を含む、自国のイノベーション政策こそが本丸であり、そのためには外国人人財も引き続き（非公知情報を保全する手段を確保したうえで）活用すべきとの意見が根強い。輸出管理がすべてを解決するわけではない。これまで外国人人財を活用してきたテック企業も、同様の視点を有する。

とはいえ、米中両国が、パワーの接近や政治的価値観の相違により、貿易交渉とは別に、競争意識を高めていくことは概ね間違いがない。それゆえ、中国に対する規制が強化される流れも変わらないと思われる。

日本企業は、保有する技術のデュアルユースへの潜在的可能性を常に念頭に置きつつ、取引・接触相手組織の情報収集体制を強化することが求められる。また製品、技術（知的財産）、人財、資本に対する規制が厳格化されることを前提に戦略を立てる必要があるだろう[33]。また日本政府は、米国政府の行き過ぎる対応を諌めつつも、中国政府からの報復を日本企業が受けることを避けるために、すべての先進国が歩調を揃えた規制を設けることが重要だと一層認識すべきだ。

【本章のポイント】

- 米国と中華人民共和国が接近し、国交を正常化させた後、過去40年にわたり米国は中国近代化への支援を惜しまなかった。多くの科学者・留学生が米国に渡り、貿易面で両国の相互依存も

(33) 渡部俊也（2019）「米国NDAA2019のEmerging Technologyとは何か」『CISTEC Journal』10月号。

深まった。中国の政治体制、人権問題への懸念が高まるも、2国間関係を重視する関与の方針は維持された。

- トランプ政権期の米国において、中国との競争という視点が強まっている。その背景には、米国の世界におけるリーダーシップが多面的に挑戦を受けており、とりわけ科学技術面で実力が肉薄しつつあるという恐れがある。対中貿易赤字を問題視した米中貿易交渉とは異なる問題意識である。
- 両国のこれまでの協力関係、相互依存を見直す政策・規制が表れつつある。米国が中国との関係を部分的にでも分離するような政策を採れば、その影響は日本はじめ世界の外交、経済活動に及ぶことになる。

【参考文献】

（和文）

ウィリアム・C・ハンナスほか（2015）『中国の産業スパイ網』草思社
大塚豊（2010）「国家戦略としての中国の留学政策」『中国21』No.33、愛知大学
佐橋亮（2020）「米中対立と日本」『国際問題』No.688、日本国際問題研究所
ジェームズ・マン（1999）『米中奔流』共同通信社
ダニエル・ゴールデン（2017）『盗まれる大学　中国スパイと機密漏洩』原書房
デイビッド・ディクソン（1988）『戦後アメリカと科学政策』同文館
宮田由紀夫（2019）『アメリカにおける国家安全保障と大学』関西学院大学出版会
毛里和子（1986）「科学技術と中国外交」『国際政治』83号

渡部俊也（２０１９）「米国ＮＤＡＡ２０１９の Emerging Technology とは何か」『CISTEC Journal』10月号

（英文）

Gu. N.（2006）On the Cultural Legacy of the Cold War: Sino-US Educational Exchange（1949-90）. *Frontiers of Education in China*, 1: 487.

Harding, Harry.（1992）*A Fragile Relationship: the United States and China since* 1972. Brookings Institution.

Kallgren, Joyce and Denis Fred Simon.（1987）*Educational Exchanges: Essays on the Sino-American Experience*. University of California Press.

Kennedy, Andrew B.（2018）*The Conflicted Superpower: America's Collaboration with China and India in Global Innovation*. Columbia University Press.

Lampton, David, et. al.（1986）*A relationship restored: trends in U.S.-China educational exchanges*, 1978-1984. National Academy Press.

Smith, Kathlin.（1998）"The Role of Scientists in Normalizing U.S.–China Relations: 1965–1979." *Annals of the New York Academy Sciences*, no. 866, pp.128-9.

［注記：本章第2節は拙稿「米中対立と日本」『国際問題』６８８号、２０２０年１・２月合併号の記述を大幅に修正したものである］

第 3 章

米国の変質と対中政策の転換

強硬論を後押しする民意

小竹 洋之（日本経済新聞社編集委員兼論説委員）

米国民が中国に抱く感情が悪化している

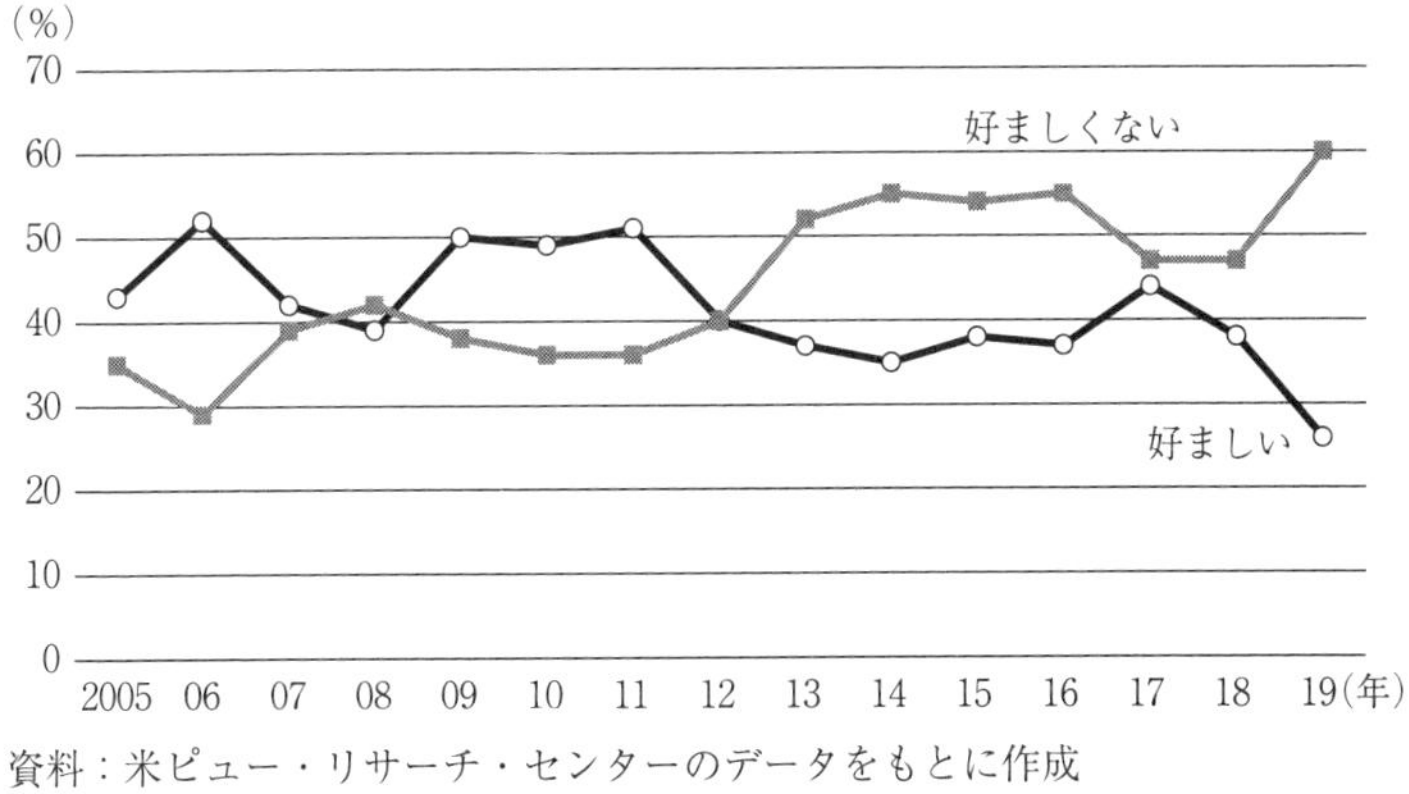

資料：米ピュー・リサーチ・センターのデータをもとに作成

1 目覚めた獅子、身構えるワシ

中国を「眠れる獅子」と呼んだのは、フランスの皇帝ナポレオン・ボナパルトだといわれる。2014年3月、中国の習近平国家主席はこの言葉を引き、「獅子はすでに目覚めた」と言い放った。

身構えたのは「ハクトウワシ（米国の象徴）」である。「中華民族の偉大な復興」を唱え、世界に冠たる強国への道をひた走る習に対し、米国は強い危機感を抱き始めた。経済、軍事、技術などの覇権を死守したい超大国の巻き返しが、「偉大な米国の復活」を掲げるドナルド・トランプ大統領の下で先鋭化している。

習近平が初めて見た米国

米中西部アイオワ州の田舎町マスカティン。穀倉地帯の住宅街の一角に、有名な民家がいまも残る。1985年、習は河北省正定県の書記時代に、農業視察団を率いて初の訪米に臨んだ。その際にホームステイした場所である。

ホストファミリーのドボルチャック夫妻は、大学生の息子が使っていた2階のベッドルームを提供し、31歳の若き習を手厚くもてなした。宿泊した部屋には映画「スター・ウォーズ」のキャラクターグッズが飾られていたとも、テレビドラマ「スター・トレック」のポスターが貼られていたとも伝わる。

よほど印象に残ったのだろう。習は国家副主席として訪米した2012年に、かつてのホストファミリーと紅茶を飲みながら旧交を温めた。「あなたたちは私がふれあった最初の米国人でした。私にとっては、あなたたちが米国そのものなのです」。この年に政権を握る次の指導者は、にこやかに語ったという。

習が初めて見た米国はまだ強く、豊かで、寛容だった。ソ連との長期にわたる冷戦や日本の経済的な追い上げには悩まされていたものの、1979年に国交を正常化した中国との力の差は歴然としていた。

後に米国の大統領に上り詰める不動産王トランプの冷たい視線は、中国ではなく日本に向けられていた。「いまこそ日本に防衛費を支払わせ、米国が抱える巨額の赤字を解消する時だ」。1987年、トランプはそんな意見広告を米紙に掲載している。

覇権の揺らぎと「国のかたち」の変容

1989年の米ソ冷戦終結を「歴史の終わり」と称したのは、米政治学者のフランシス・フクヤマだ。1990年代の世界は民主主義と自由経済の勝利に酔い、米国に取って代わる国などないように見えた。

図表3－1　中国のGDPと軍事支出の対米比率

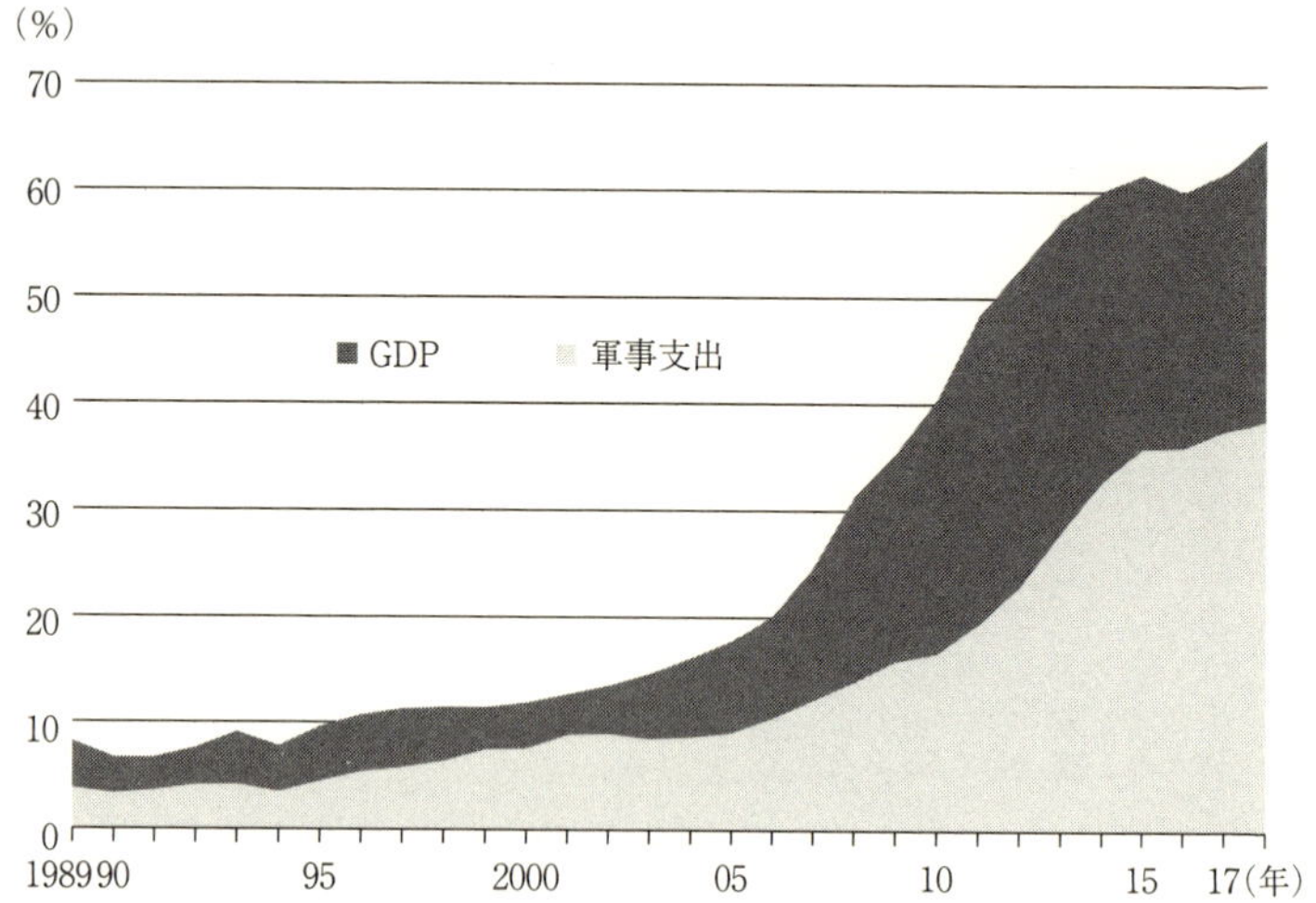

資料：国際通貨基金、ストックホルム国際平和研究所のデータをもとに作成

それは「歴史の休日」（米コラムニストのチャールズ・クラウトハマー）にすぎなかったのかもしれない。2000年代の同時テロやイラク戦争、金融危機などを経て、米国の疲弊は鮮明になった。そして目覚ましい発展を遂げた中国の挑戦を受けている。

いまの習が向き合うのは、マスカティンを訪れた頃とは様変わりの超大国である。米国の国内総生産（GDP）に対する中国の比率は1985年の7％から2018年には65％まで、軍事支出の比率は1989年の4％から2018年には39％まで上昇した。米国が経済や軍事をめぐる覇権の揺らぎに焦りを感じているのは間違いない。

技術をめぐる覇権にはもはや疑問符がつく。2018年の中国の特許出願数は154万件で、8年連続の首位となった。2位の米国は59万件にとどまり、大きく水を開

図表３－２　米国の移民数と対人口比率

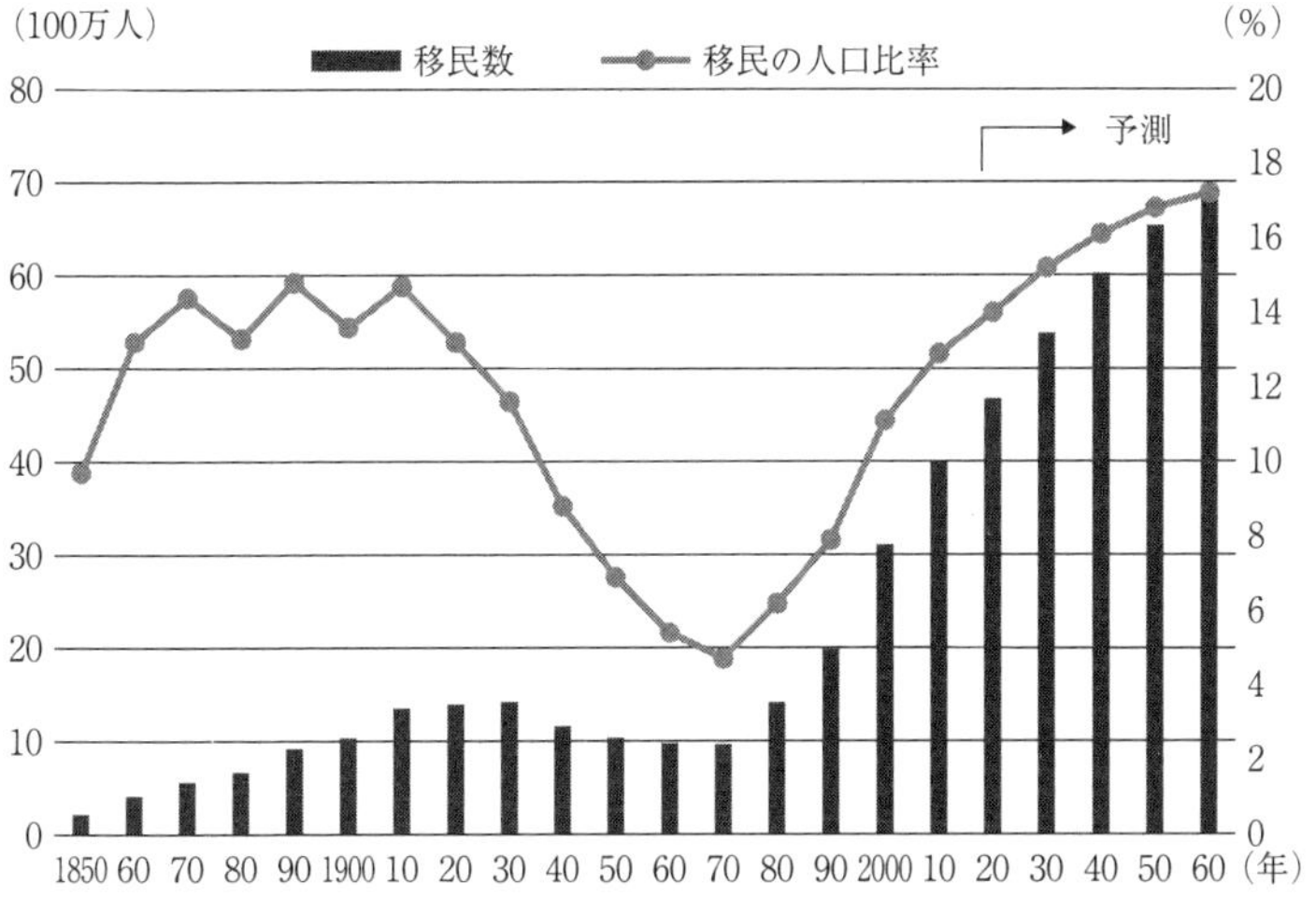

資料：米国勢調査局のデータをもとに作成

けられている。１９８５年には米国の11万件が中国の８０００件をはるかにしのいでいたことを考えれば、まさに隔世の感がある。

米国の「国のかたち」も変容した。米ニューヨーク大学のエドワード・ウォルフ教授によると、上位１％の高所得層が保有する資産の割合は１９８９年の35％から２０１６年には40％に上昇したのに対し、下位60％の低中所得層は５％から２％に低下した。全人口に占める外国生まれの移民の割合は１９８０年の６％から２０１６年には14％まで上昇し、白人の割合は１９８５年の77％から２０１６年には61％まで低下している。経済格差の拡大や人種構成の変化にいら立ち、不満や怒りのはけ口を米国の外に求める国民は少なくない。

2つのレッドライン

とりわけ注目したいのは、米国のGDPに対する中国の比率だ。2018年、中国国営中央テレビ（CCTV）の電子版などに、次のような論評が掲載された。「米国は自国のGDPの60％をレッドライン（越えてはならない一線）とみなし、これを突破した国を容赦なくたたき始める。相手国のイデオロギーや政治体制など関係ない。友好国と敵対国の区別さえない。昔のソ連や日本がそうだった」。中国は2014年にレッドラインを越えた。GDPで日本を抜き、世界第2位の経済大国に躍り出た4年後だ。習が「獅子はすでに目覚めた」と言い切り、米国が警戒感をあらわにし始めた時期と符合する。

米国の移民比率も見逃せない。現在の14％という割合は、過去最高を記録した1890年の15％に匹敵する。特定国からの労働者を締め出す「中国人排斥法」が成立した1882年や、出身国別の移民割当制度を導入する「ジョンソン・リード法」が成立した1924年と似たような水準である。これも米国のレッドラインと言えなくはない。移民の増加がかき立てる経済的な不安や文化的な反発が臨界点を超えると、排他的なムードが醸成されやすくなる。

米国の覇権を脅かす挑戦者に本気で牙をむき始めた政府や議会。社会の変容に鬱屈した感情をため込み、寛容さを失う国民――。米国の上部構造と下部構造の変質が連動し、対中政策の転換に至ったとみるべきだろう。本章で明らかにしたいのはその力学である。

2　トランプがもくろむリバランス

２０１９年11月、中国の北京で開かれた国際フォーラム。ヘンリー・キッシンジャー元米国務長官やヘンリー・ポールソン元米財務長官ら外国人出席者との会見で、習は世界に言い含めるような演説を始めた。「中華民族の偉大な復興という『中国の夢』は、断じて『覇権の夢』ではない。あるべき尊厳や地位を回復し、半植民地国家時代の屈辱を二度と味わいたくないだけだ」

習の言葉を額面通りに受け取る米国人は、いまや皆無に等しい。東・南シナ海への進出、広域経済圏構想「一帯一路」の推進、ハイテク産業の国家育成計画「中国製造２０２５」の策定、アジアインフラ投資銀行（ＡＩＩＢ）の創設——。覇権奪取への布石を着々と打つ中国に対抗するため、米国は力で抑え込む戦略にかじを切った。２０１７年１月に政権を発足させたトランプがもくろむのは、米国が優位な均衡点まで押し返す「リバランス（再均衡）政策」だ。中国と対峙する米国の上部構造が大きく変わったのである。

４分野の対抗策を総動員

トランプ政権は２０１７年12月の国家安全保障戦略で、中国をロシアと並ぶ「修正主義勢力」

と断定し、「強国同士の競争が再び戻ってきた」と言明した。民主化や自由化を強く促してきたにもかかわらず、共産党の一党独裁体制や異質な国家資本主義を貫く中国に見切りをつけた結果だ。これを機に政府と議会が4分野の対抗策を総動員し、「新冷戦」とも呼ばれる米中関係の緊張をもたらした。

第1は、貿易・通貨の分野だ。米国は中国による知的財産権の侵害や技術移転の強要などを是正するため、通商法301条に基づいて総額3700億ドル相当の輸入品に高関税を課している。中国が人民元を不当な安値に誘導するのを警戒し、通貨政策の適正化や透明化も要求してきた。

第2は、技術・投資の分野である。米国は中国への先端技術の流出などを防ぐため、輸出規制の厳格化や対米外国投資委員会（CFIUS）の審査強化に踏み切った。中国通信機器大手の華為技術（ファーウェイ）や中興通訊（ZTE）からの政府調達も禁じている。

第3は、外交・安全保障の分野だ。米国は「航行の自由作戦」などを通じ、中国による南シナ海の軍事拠点化を牽制している。台湾との高官交流を促す「台湾旅行法」や、アジア諸国との協力を深める「アジア再保証推進法」も、対中圧力強化の一環と言える。

第4は、人権の分野である。米国は香港の人権擁護や民主主義の確立を支援する「香港人権・民主主義法」を成立させた。新疆ウイグル自治区で少数民族のウイグル族を弾圧する中国に対し、制裁発動の道を開く「ウイグル人権法案」の成立も目指している。

「過去20年間の戦略は誤りだった。米中関係のバランスを回復する」。トランプは2019年9月、米ニューヨークで開かれた国連総会の一般討論演説で、ライバルとの力関係が劇的に改善するまで、リバランス政策の手を緩めない考えを示した。そんな指導者を4分野の対中強硬派が担ぎ合い、2大経済大国を「鉄のカーテン」で隔てるような政策を競っている。

デジタルの世界に築くベルリンの壁

「チャイメリカ（Chimerica）」という造語ができるほど、米中が経済や技術の相互依存関係を深めているのは確かだ。かつてない運命共同体が流血覚悟で演じる覇権争いを、どう捉えればいいのだろうか。

米マンスフィールド財団のベンジャミン・セルフ副理事長は、「米ソの冷戦はパワーの分配に特徴があった。主要国は西側の資本主義陣営と東側の共産主義陣営に分かれ、2極的な国際秩序を形成していた。いまの世界は、米国という単極の弱体化に直面しているだけだ」と話す。これに対して米アトランティック・カウンシルのジェイミー・メッツル上級研究員は、「私たちが目にしているのは2大経済体制の戦略的な競争であり、世界の両極への分岐でもある」と語る。

米中の新冷戦と米ソの冷戦は、多くの点で性格を異にする。しかし世界の2大国が互いに競い合い、どちらの側につくのかという踏み絵を迫る構図は同じだろう。

「米中の対立の主戦場は、もはや軍事的な領域から、地経学的な領域、すなわち経済とテクノロジーをめぐる紛争に移りつつある」。米戦略家のエドワード・ルトワックは2018年の著書『日本4・0』で、興味深い視点を示した。地政学上の目的を達成するために、経済的な手段を行使するのが地経学だ。これを地で行く「一帯一路」や「中国製造2025」などに対抗し、米国も様々な弾薬を込めて地経学上の真っ向勝負を始めたように見える。

最も苛烈なのは、技術の覇権争いである。テクノロジーの水準は国家の経済力や軍事力をも左右する。次世代通信規格「5G」や人工知能（AI）といった最先端の領域で、主導権を握ることが死活的に重要だ。だからこそ中国は総力を挙げてハイテク産業を育成し、米国はこれを必死に抑え込もうとする。

実際、トランプ政権は中国政府に産業政策の見直しを迫るだけでなく、通信機器大手や監視カメラ大手をはじめとする中国企業への締め付けも強めている。経済・技術面の米中デカップリング（切り離し）や世界的なサプライチェーン（供給網）の再構築も辞さない構えだ。米ジャーナリストのトーマス・フリードマンはそのさまを「デジタルの世界に築くベルリンの壁」と評した。21世紀の新たな覇権争いの本質を突く表現と言ってもいい。

貿易合意は「始まりの終わり」か？

2020年1月、米中は貿易交渉の第1段階の合意文書に署名した。中国が今後2年間で2000億ドルの輸入拡大、知財の保護、技術移転の強要禁止、為替政策の透明化などを約束し、米国が履行状況を厳しく監視するのが柱だ。米国は1200億ドルの輸入品にかけてきた15％の関税を7・5％に引き下げるとともに、中国に対する「為替操作国」の指定を解除した。中国も750億ドルの輸入品に課してきた5―10％の関税を2・5―5％に引き下げている。

トランプは「タリフマン（関税男）」を自任してきた。「私は関税のプラットフォームに立つタリフマンだ」。筋金入りの保護主義者として知られた第25代米大統領ウィリアム・マッキンリー（在任1897―1901年）の発言に倣《なら》ったらしい。

もちろんトランプが仕掛けた貿易戦争を容認することはできない。米中はすべての高関税を撤回し、真摯な対話を通じて問題を解決する必要がある。ただタリフマンの強硬策が中国に必要な改革を迫るレバレッジ（てこ）として機能したのは、認めざるを得ない。

正念場はこれからだろう。第2段階の貿易交渉に先送りした中国の国有企業や産業補助金などの改革は、共産党政権の根幹にかかわる核心的な問題だ。トランプと習が容易に折り合える代物ではなく、輸入品の大半に高関税をかけ合う異常な事態が長期化する可能性がある。

「これは終わりではない。終わりの始まりですらない。恐らく始まりの終わりだ」。第2次世界大戦下の1942年、ウィンストン・チャーチル英首相はエジプトでドイツ軍を撃破した英軍をたたえつつ、戦争の終結までにはまだ長い道のりがあると諭した。

偉大な宰相の名言を借りるなら、米中の新冷戦は「始まりの終わり」にさえ至っていない。たとえ貿易戦争が収束に向かっても、激しい覇権争いに終止符が打たれるとは思えない。「私たちは長期にわたる米中の緊張とともに生きるしかないのだ」と米コロンビア大学のアンドリュー・ネイサン教授は言う。

3　中国たたきに向かうポプルスの不満や怒り

次に論じたいのは、米国の下部構造の変化だ。いまの米国は経済、人種、政治、世代の「4つの分断」にさいなまれている。貧困層は富裕層との格差拡大に、白人は非白人の増加と存在感の高まりに、非エリートはエリートによる民主主義の支配に、若年層は中高年層との境遇の違いにいら立ち、ゆがんだ国のかたちを正してほしいと願っている。こうした人々の不満や怒りがポピュリズム（大衆迎合主義）に火をつけ、2016年11月の大統領選で異端児のトランプを当選させる原動力になった。

米国をむしばむ4つの分断のうち、中国問題に関係するのは経済と人種の分断である。格差の拡大や移民の増加は低学歴の白人労働者らに排他的な感情を植えつけ、中国をスケープゴート（いけにえ）にする土壌をつくった。ポピュリズムの語源はラテン語の「ポプルス（民衆）」だといわれる。米国の不機嫌なポプルスに焦点を当てなければ、対中強硬論が幅を利かす背景をつかめない。

アメリカンドリームはどこへ

図表３－３　子が親の所得を超える確率が低下している

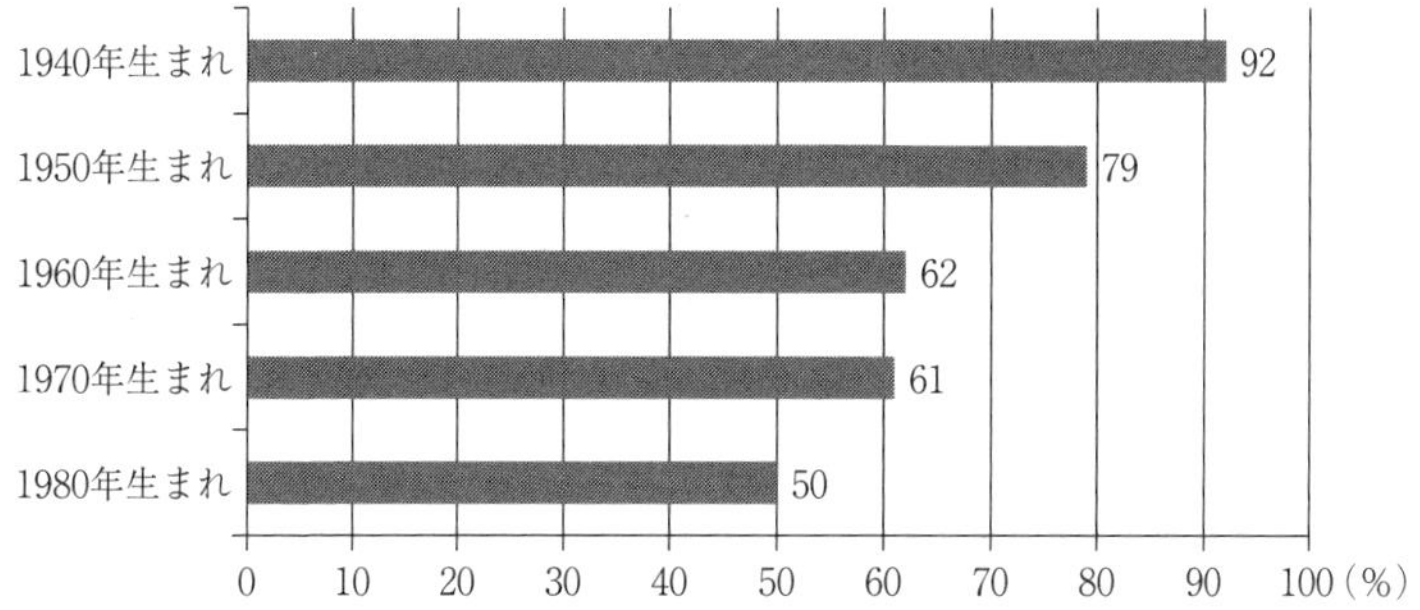

資料：米ハーバード大学のラジ・チェティ教授らの論文を紹介した米紙「ニューヨーク・タイムズ」の記事（2016年12月８日）をもとに作成

経済の分断から説明したい。本章の冒頭で触れた通り、上位１％の高所得層と下位60％の低中所得層が保有する資産の割合は、２０１６年時点で40％と２％の開きがある。米主要企業５００社の最高経営責任者（ＣＥＯ）が１年間に受け取る報酬の平均は、一般従業員の２８７倍にも上る。

米ハーバード大学のラジ・チェティ教授らは２０１６年の論文で、子が親の所得を超える確率を計算した。１９４０年生まれの人たちが92％に達していたのに対し、１９８４年生まれの人たちは50％にとどまっており、豊かになれない米国民が以前より増えたと分析している。２０１７年の論文では、子供がアイビー・リーグを含む米名門大学に入れる確率も試算し、上位１％の富裕層には下位20％の貧困層の77倍のチャンスがあると結論づけた。

２００９年７月に始まった米経済の拡大局面は戦後最長の10年間を超えたものの、その恩恵が幅広い階層に行き渡っているとは言い難い。米ブルッキングス研究所のリポートによると、２００８年9月のリーマン・ショック後の景気回復で増えた雇用の72％が、人口１００万人以上の都市部53地区に集中していた。地方部の雇用が決して芳しいわけではなく、「置き去りにされてきた地域の未来はくすんだままだ」と指摘している。

グローバル化やＩＴ（情報技術）化は米経済全体を底上げした一方で、新たな環境に適応できない弱者に痛みを強いた。強者が市場と政治の力によって利潤を搾取する「レンティア資本主義」の加速もあって、貧富の格差は広がるばかりだ。経済的な果実を享受できない地方の低学歴層、低中所得層は鬱屈し、「アメリカンドリーム」の再生を渇望している。

壮大な多様化実験が生むストレス

次は人種の分断である。米国の全人口に占める外国生まれの移民の割合は２０３０年頃に過去最高の15％を突破し、いよいよ未踏の領域に踏み出す見通しだ。その結果、中南米系やアジア系の比重が高まり、２０４５年頃には白人の割合が50％を割り込む公算が大きい。

「壮大な多様化の実験」と称される米国の移民政策は、自由で寛容な超大国のシンボルであり、圧倒的な活力の源泉でもあった。だが非白人の数と存在感が増すにつれ、白人がストレスをため込んでいるのは見過ごせない。米ピュー・リサーチ・センターの２０１８年の世論調査によると、50％を超える非白人の割合が米国の文化を弱めると答えた白人が46％に達し、強めると答えた白人の23％を大幅に上回った。

ニューヨークの名所「自由の女神像」の台座には、19世紀の米詩人エマ・ラザラスのソネット

図表３－４　白人の割合は2045年頃に50％を割る

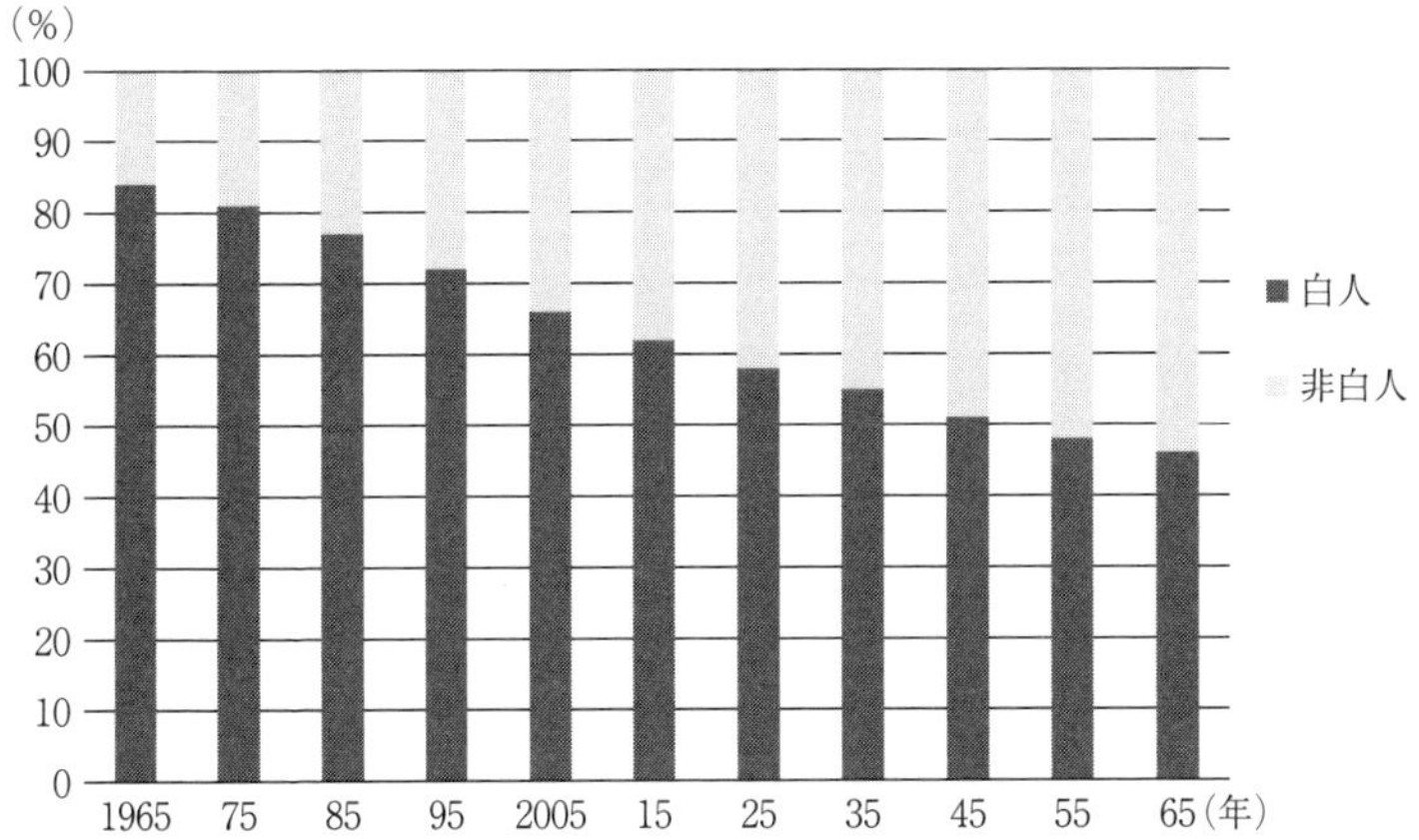

資料：米ピュー・リサーチ・センターのデータをもとに作成

（14行詩）が刻まれている。「疲れし者、貧しき者、自由の息吹を切望する者たちを、我に与えよ」。多様な人々を包摂する米国を象徴する一節だ。

ところがトランプ政権の幹部はラザラスのソネットを言い換え、疲れて貧しくても自立し、国の保護を受けない者だけを招き入れるべきだと語った。そんな言動に喝采を送る米国民が少なからずいる。

白人と非白人の緊張関係は、米国が封じ込めてきた差別や偏見も解き放ちつつある。米カリフォルニア州立大学サンバーナディーノ校のリポートによると、２０１８年に米30大都市で発生したヘイトクライム（憎悪犯罪）は２００９件に上った。５年連続で増加し、過去10年間の最高を更新している。

チャイナ・ショックの爪痕

米国の経済と人種の分断は、対中政策の転換とどう絡むのか。その答えを導く前に、米国をのみ込んだポピュリズムの主たる要因を解き明かす必要がある。

代表的なのは、雇用・賃金の停滞や格差の拡大といった経済的な要因を重く見る立場だ。ハーバード大学のダニ・ロドリック教授は2018年の論文で、グローバル化の加速が民衆の経済的な不安や分配上の不平等感をあおり、政治的な反動を誘発してポピュリズムの基盤をなすと指摘した。

イタリアの中央銀行が創設したエイナウディ経済金融研究所のルイジ・グイーゾ教授らも2017年の論文で、経済的に困窮する人々のいら立ちを解消できない既存の政党が信用を失い、ポピュリズムの需要と供給がともに増大すると分析した。

一方、文化的な要因を強調する識者も少なくない。米ミシガン大学のロナルド・イングルハート名誉教授らは2016年の論文で、トランプが米国で巻き起こした旋風と、欧州連合（EU）からの離脱を選択した英国民投票の共通点を探った。高齢者、白人男性、低学歴層――。西洋社会でかつての地位を失いつつある人々が、伝統的な価値観の変容に疎外感を抱き、人種や性などをめぐるリベラリズムの広がりに強く反発した結果だと説明している。

米ペンシルベニア大学のダイアナ・マッツ教授も2018年の論文で、地位喪失の恐怖に駆られた民衆がトランプを大統領に押し上げたと言明した。白人や男性、キリスト教徒が社会の多様化によって国内での中心的な地位を奪われ、米国の国力低下で国際的な地位も失うことにおびえていたと記している。

経済と文化のどちらに病根があるかによって、処方箋は確かに変わり得る。だが米国では2つの問題が相互に連関しているのは否めない。2016年の大統領選にも「持たざる者の反乱」と「白い革命」の両方の側面があった。経済的な不安と文化的な反発が重なって、ポピュリズムの台頭を許したと考えた方がいい。

注目したいのは「チャイナ・ショック」論だ。中国からの輸入拡大と米国の雇用減少との間に相関関係を見いだす研究である。この分野の権威として知られる米マサチューセッツ工科大学（MIT）のデビッド・オーター教授らは、中国からの輸入増によって米国の1999―2011年の雇用が製造業で98・5万人、全産業で200万―240万人減ったと試算した。

さらに米国の議会選（2002年、2010年）と大統領選（2000年、2008年、2016年）を定量的に分析したところ、中国からの輸入増で厳しい競争にさらされる地域では穏健な中道派が後退し、共和党の右派か民主党の左派が伸長していることが分かった。トータルで見ると、民主党より共和党を利する効果が大きかったという。

「36％の米国」が傾く排他主義

一連の研究があぶり出したのは、民衆の不満や怒りが中国たたきに転化したメカニズムである。「チャイナ・ショック」の痛みを感じる地方の低中所得層や白人らが排他的なムードに傾き、貿易や移民、そして中国をやり玉に挙げる右派のポピュリズムに共鳴している。こうした民意の高まりにつけ込んで、トランプが反中感情をさらにあおっているのは言うまでもない。

「36％」対「64％」――。２０１８年11月の米中間選挙の下院選で、共和党と民主党が制した選挙区の域内総生産（ＧＤＰ）の構成比である。米紙『ウォール・ストリート・ジャーナル』の集計による。

「36％の米国」は、旧来型の製造業や農業・鉱業が抱える雇用の6割前後が集まり、家計の所得が10年間で3％減った衰退地域だ。金融・保険業やＩＴ産業が抱える雇用の6―7割を擁し、家計の所得が10年間で17％増えた「64％の米国」の発展ぶりと好対照をなす。

ブルッキングス研究所のリポートによると、「36％の米国」の白人の割合は73％、学位を持たない人の割合は72％で、「64％の米国」のそれぞれ51％、64％を上回る。社会の変容に疎外感を深める白人や低学歴の労働者の比重が高いせいで、経済的な不安と文化的な反発が連動し、共和党の排外的な貿易・移民政策になびきやすくなっている様子が見て取れる。

トランプもチャイナ・ショック論を意識しているふしがある。現在のピーター・ナバロ大統領補佐官（通商担当）とウィルバー・ロス商務長官が２０１６年の大統領選直前にまとめ、異端の経済政策の理論武装を試みた文書は、オーターらの研究も引用しながら中国との対決姿勢を鮮明にしていた。米国から中国への「空前の富の移転」が起きているというトランプの主張を正当化する最適の理論であり、米国の民衆を扇動するのに格好の理論でもあった。

米国の対中政策の転換を促したのは、上部構造をなす政府・議会の変質だけではない。むしろ下部構造をなす国民の変質が強く後押ししたようにも見える。米国のポプルスがため込んだ不満や怒りは、それほどまでに大きかった。

4　もはや後戻りできぬ米国

「対中強硬路線はいまや『均衡点』で、党派の違いは見られない」。ティム・アダムズ元米財務次官の指摘は、米国の上部構造の雰囲気をよく伝えている。濃淡や力点、手法の違いはあっても、「中国に優しすぎた時代」と決別するという点では、共和・民主両党に共通認識ができつつある。

米国の下部構造も復元力が弱いと言わざるを得ない。格差の拡大や移民の増加にいら立つ庶民の感情を解きほぐし、排他的なムードを断ち切るのは難しい。政府・議会の中国たたきに喝采を送る民意がくすぶり続けると見た方がいい。

大統領選後も方向性変わらず

「中国は敵ではない」。2019年7月、米リベラル派の元政府高官や学識経験者ら100人が米紙『ワシントン・ポスト』に連名で公開書簡を掲載した。起草したのはハーバード大学のエズラ・ボーゲル名誉教授、スーザン・ソーントン元米国務次官補代行ら5人である。トランプと政府・議会が中国を敵視する政策は、米国の国益や同盟国との協力関係を損ない、中国の構造改革に消極的な国内の抵抗勢力の巻き返しを許す結果にもなりかねないと警告した。

その直後には、米保守派の学者や軍人らが中国を「自由に対する危険な脅威」とみなし、現状の強硬策を維持するよう訴える公開書簡をまとめた。フランク・ギャフニー元米国防次官補らが名を連ね、「習の中国と対決し、米国との経済的なデカップリングを進めるトランプの政策を歓迎する」と言明した。

両派の対中姿勢は相いれないように見えるが、共産党の一党独裁体制や異質の国家資本主義に対する懸念を強めているのは同じだ。法の支配や国際社会との連携を顧みず、強権的な対外政策に走るあまり、「非自由主義的な覇権」（バリー・ポーゼンＭＩＴ教授）とも呼ばれるトランプ流のやり方を容認するかどうかの違いである。

２０２０年11月の次期大統領選で共和党のトランプが再選を果たせば、現在の対中政策を維持する公算が大きい。自身の関心が強い経済や技術などの分野を中心に、中国の台頭を引き続き抑え込もうとするのではないだろうか。

たとえ民主党が政権を奪取しても、対中政策の大まかな方向性は変わらないとの見方が多い。トランプが乱用してきた高関税政策を見直し、同盟国や国際機関と連携して中国に圧力を加える路線に修正する可能性が高いとは言え、基本的には強硬な姿勢で民主化や自由化を迫るとみられる。

中国の人権侵害に対する視線は、むしろ民主党の方が厳しい。米商務省は２０１９年10月、ウイグル族の弾圧を理由に、中国の政府機関や監視カメラ大手の杭州海康威視数字技術（ハイクビジョン）など28団体・企業に事実上の禁輸措置を発動した。米ピーターソン国際経済研究所のシ

図表３－５　米国民の対中感情は党派を超えて悪化
（中国は好ましくないと答えた人の割合）

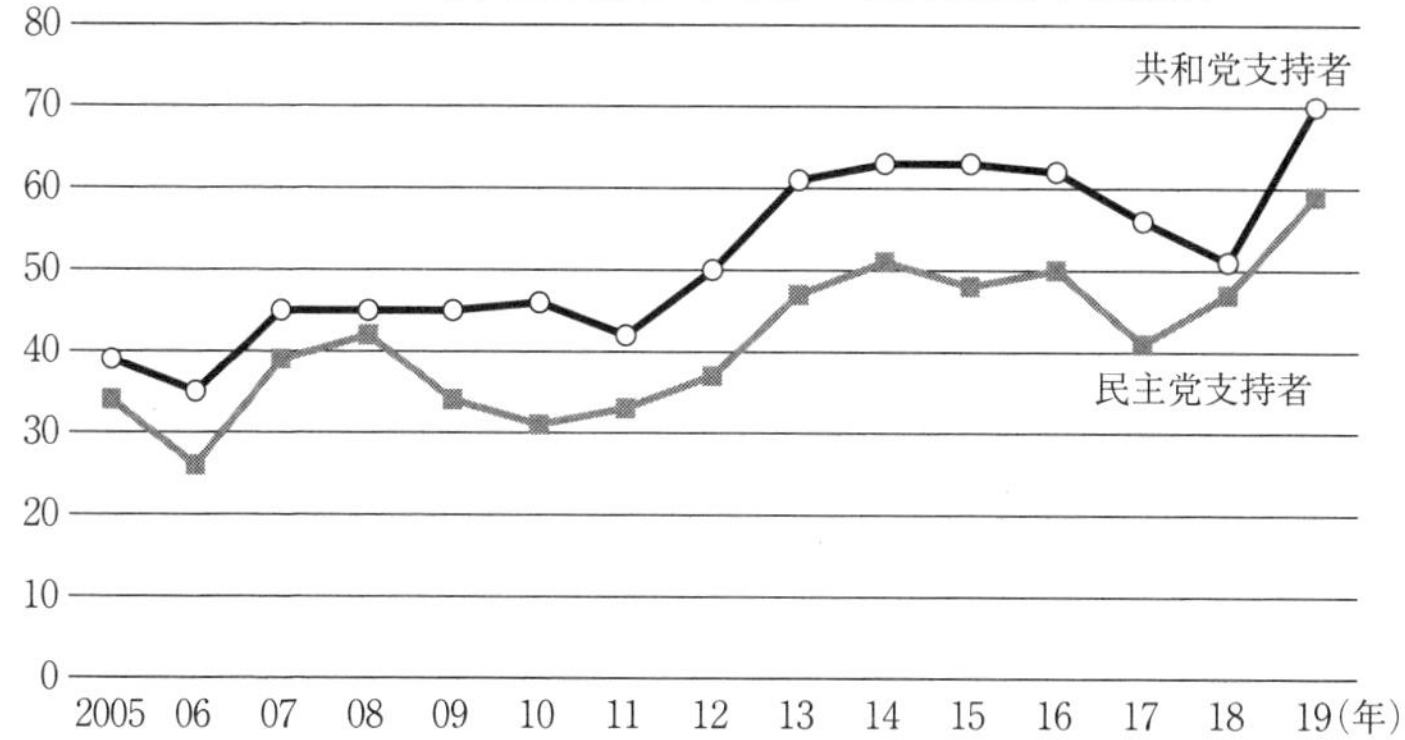

資料：米ピュー・リサーチ・センターのデータをもとに作成

ニアフェロー、ジェイコブ・カークガードは「制裁措置のあり方を大きく変える決断だ。民主党政権は共和党政権よりも、この手法を多用するかもしれない」と話す。

他方で中国と歩み寄る余地を探るのも、民主党政権のスタンスになりそうだ。トランプが離脱を表明した温暖化対策の国際枠組み「パリ協定」に復帰し、環境保護の分野で米中の協調を目指すことが予想される。

60％の米国民に反中感情

米国民の対中感情はどうか。ピュー・リサーチ・センターの世論調査によれば、中国に好ましい印象を持たないと答えた人の割合は２０１９年時点で60％となった。２０１７年と２０１８年の47％から急上昇し、２００５年以降の最高を記録している。

この割合を共和党と民主党の支持者に分けて見ると、それぞれ70％と59％で、党派の違いが際立って

図表3-6　米国民にとって中国はどう映るのか

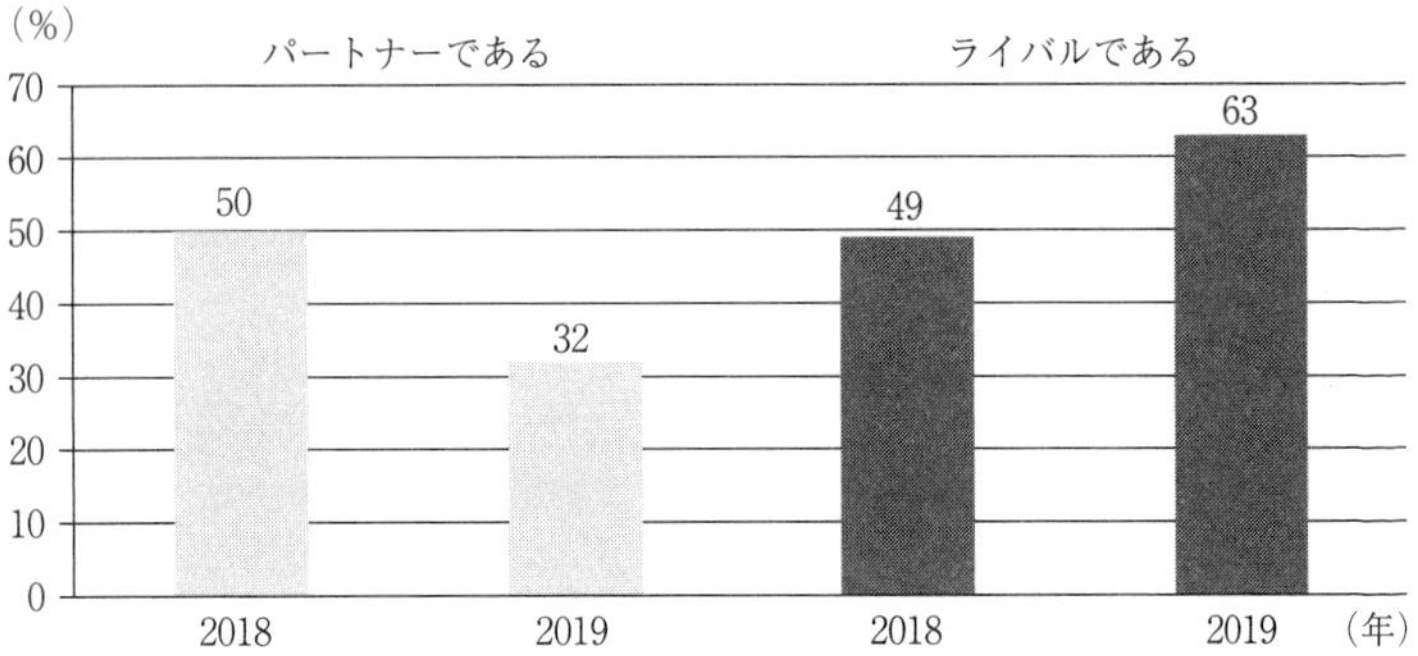

資料：米シカゴ外交問題評議会のデータをもとに作成

大きいとは言えない。年齢別では50歳以上の67%、学歴別では大卒以上の69%が高く、保守とリベラルの双方の地盤で対中感情が悪化していることが分かる。

米シカゴ外交問題評議会の世論調査も傾向は同じである。米中を「ライバル」と見る人たちは、２０１８年の49%から２０１９年には63%まで上昇した。これに対して米中を「パートナー」と見る人たちは、50%から32%に低下している。

もちろん米国民も対中強硬論一辺倒というわけではない。同評議会によると、中国との協力を探るべきだと答えた人たちは68%で、中国を抑え込むべきだと答えた人たちの31%を大幅に上回った。しかしトランプ流の対中政策を支える厚い岩盤が存在するのは確かだ。

庶民を悩ませている経済、政治、社会の問題は一向に解消していない。「不公平の勝利（The Triumph of Injustice）」――。米カリフォルニア大学バークレー校のエマニュエル・シーズ教授らは２０１９年の著書で、米国民の所得に対する実質的な税負担の割合（実効税率）

を試算し、格差の拡大に警鐘を鳴らした。1960―2018年の実効税率の平均は、上位400人の高所得層で56％から23％に低下し、1億2000万人超の下位50％の低中所得層で22％から24％に上昇した。税制のゆがみが極まり、両者の税率が2018年に初めて逆転したという。

トランプ政権は2017年末に実現した大型減税の効果を誇示する。「夫婦と子供2人で年収7万3000ドルの世帯では、2018年に2000ドル以上の恩恵があった」と強調し、不公正な貿易や急激な移民の流入こそが国民の生活を脅かしていると訴える。

それが真の処方箋にはならなくても、不満や怒りの矛先を中国に向ければ、ひとまず庶民の留飲は下がる。政権を維持したい共和党はもちろん、政権を奪いたい民主党もあらがえない一定の民意が底流にあるのだ。

5　新冷戦がもたらすリスク

世界は米中の覇権争いと長く向き合わざるを得ない。その先にはどんな試練が待っているのか。最後に新冷戦がもたらすリスクを概観し、本章の締めくくりとしたい。

米経済の自傷行為

米国が中国に仕掛けた貿易・ハイテク戦争を「自傷行為」と批判したのは、国際通貨基金（IMF）の専務理事から欧州中央銀行（ECB）の総裁に転じたクリスティーヌ・ラガルドだ。両国の制裁と報復の応酬によって、世界経済は停滞を余儀なくされ、実質成長率が同時不況の分岐点とされる3・0％前後まで低下した。そのツケは米経済にも確実に回ってくる。

中長期的な成長基盤の劣化は、足元の景気減速より深刻かもしれない。米国際投資協会によると、2018年の世界の対米直接投資は2年連続で減少し、2680億ドルにとどまった。2015―2016年の5割強の水準である。米国が2019年度（2018年10月―2019年9月）に発給した就労・留学用の外国人ビザ（査証）は868万件で、2016年度に比べて16％減った。いずれも中国との対立が響いている。

「経済ナショナリズムの弊害で、米国自身が最大の敗者になりかねない」。ピーターソン国際経済研究所のアダム・ポーゼン所長は、ヒト・モノ・カネを呼び込む米国の磁力が弱り始めていると警告する。

日本経済研究センターの長期予測によると、中国は2030年代前半にGDPで米国を抜き、世界第1位の経済大国に躍り出る。その後は人口の減少や生産性の停滞などで伸び悩み、2060年までに米国が追いついて拮抗するという。

にもかかわらず米国が成長の源泉を断ち切り、自滅してしまっては元も子もない。これも新冷戦の「戦費」と割り切ることはできまい。

イノベーションの冬

「保護主義2・0」――。米国際政治学者のイアン・ブレマー率いる調査会社ユーラシア・グループが、2018年に取り上げたリスクである。米国のポピュリズムと中国の国家資本主義が相まって、保護主義の対象や手段が広がり、新たな次元に突入すると予測した。

実際、米国は貿易、投資、技術などの管理を強める政策を矢継ぎ早に打ち出し、中国の国家を挙げた産業育成や技術開発を封じようとしている。「毒をもって毒を制す」と言わんばかりの米国の対応が、保護主義2・0の流れを加速させているのは間違いない。

米国では、①中国への証券投資の制限、②米市場での中国企業の上場廃止、③米国が算定する株価指数銘柄からの中国企業株の排除――といった規制案さえ浮上する。ファーウェイに対する制裁措置の一環として、ドル取引の原則禁止を一時検討していたとの報道もある。

心配なのは、保護主義2・0や貿易・ハイテク戦争がもたらす技術革新の停滞だ。ユーラシア・グループは米中の「技術冷戦」の果てに訪れる「イノベーションの冬」を、2019年の世界10大リスクの1つに挙げた。その代償はあまりにも大きいと言わざるを得ない。

一方、米中のデカップリングを強行するような施策を自制し、米国の確固たる産業・技術政策を通じて中国に対抗すべきだとの声も出ている。米外交問題評議会が2019年にまとめた報告書「イノベーションと国家安全保障」が代表的だ。米グーグルのエリック・シュミット元会長、米ヤフーの共同創業者ジェリー・ヤン、ローラ・タイソン元米大統領経済諮問委員長ら20人の専門家がタスクフォースに参加し、研究開発（R&D）の強化やSTEM（科学、技術、工学、数学）教育の拡充を含む包括的なイノベーション戦略を策定するよう求めた。米国自身の競争力を高める努力は必要だが、国家の管理が強まりすぎるのでは困る。

文明の衝突

「これは異なる文明、異なるイデオロギーとの戦いである。しかも米国人が白人以外の強力な競争相手を持つのは初めてだろう。ソ連との競争は、西洋という同じ家族のなかでの戦いだった」。2019年4月、米国務省のカイロン・スキナー政策企画局長（当時）による米中関係の演説が、世界に強い衝撃を与えた。米政治学者サミュエル・ハンチントンの有名な持論を想起させたからだ。

ハンチントンは1996年の著書で、米ソ冷戦終結後の世界では「イデオロギーの衝突」ではなく「文明の衝突」が最大の脅威になると説いた。米中の新冷戦をこれに当てはめ、西洋文明と非西洋文明の激突とみなす空気さえ漂う。

経済や軍事、技術をめぐる対立なら、まだ折り合える余地も探れるが、文明の衝突で片づけようとすると、いよいよ救いがなくなるのではないだろうか。白人国家で19世紀に広がった「黄禍論（黄色人種脅威論）」が米国でよみがえり、中国との関係が決定的に悪化する恐れがある。

過剰な「赤の恐怖」が米国を席巻している――。米ロヨラ・メリーマウント大学のトム・プレート教授は2019年4月、香港紙『サウスチャイナ・モーニング・ポスト』にそんな論評を寄せた。ジョセフ・マッカーシー米上院議員らによる1950年代の「赤狩り」などと同じように、いまの米国も行き過ぎた反共ヒステリーの渦中にあるとの見方は少なくない。

第2次世界大戦下の米国は日本軍の真珠湾攻撃に憤り、12万人に上る日系人を強制収容所に隔離した。「人種をめぐる偏見、戦時中のヒステリー、政治指導力の欠如が原因だった」。米国は後に過ちを認め、日系人への謝罪と補償に踏み切っている。

国際テロ組織アルカイダが起こした2001年の同時テロも、過度の愛国心や敵がい心を誘発し、米国の対外政策をゆがめる結果となった。「世界を変えたのは、アルカイダによる攻撃ではなくて、むしろワシントンの過剰反応であった」。MITのジョン・ダワー名誉教授は自著『アメリカ 暴力の世紀』にこう記している。米国が中国の猛追におびえ、一種のパニック状態に陥れば、過去と同じ轍《てつ》を踏みかねない。

「トゥキディデスの罠」を回避できるか

新旧の大国の衝突が避けられなくなる事態を、古代ギリシャの歴史家の名前にちなんで「トゥキディデスの罠」と呼ぶ。ハーバード大学のグレアム・アリソン教授は著書『米中戦争前夜』で、過去500年間に起きた世界の覇権争い16事例のうち、12事例がこの罠から逃れられず、戦争に至ったと分析した。

米中の新冷戦をどう制御するかは、これからの世界のガバナンス（統治）を左右する最重要の課題だ。トゥキディデスの罠にはまるのを避けるため、まずは両国が不必要な制裁や報復を自制し、対話を通じて問題を解決する必要がある。貿易交渉の第1段階の合意で培った信頼関係を損なわず、平和的な共存の道を探るのが望ましい。日本や欧州をはじめとする主要国も、米中の緊張緩和を粘り強く説き続けなければならない。

ハンチントンが警鐘を鳴らした「文明の衝突」に代えて、「文明の対話」を呼び掛けたのはイランのモハマド・ハタミ元大統領だった。新冷戦下で無力化する20カ国・地域（G20）やアジア太平洋経済協力会議（APEC）の首脳会議も、米中に対話の場を提供する「プラットフォーム」としての役割を担うことができるはずだ。

新冷戦の底流をなす米国民の不満や怒りを和らげる必要もある。全米民主主義基金のカール・ガーシュマン会長は「民主主義は草の根の大衆が支える制度だ。学習を通じて進化する制度でもある」と話していた。中国をいたずらにたたき続けるのではなく、効果的な成長戦略や分配政策などの知恵を絞り、自由で寛容な超大国の基盤を少しでも取り戻したい。

【本章のポイント】

- 米国は中国との力関係のリバランス（再均衡）を目指し、4分野の強硬策を総動員している。とりわけ苛烈なのが、デジタルの世界にベルリンの壁を築くともいわれる技術の覇権争いだ。
- 米国の庶民は格差の拡大や移民の増加などにいら立ち、排他的なムードに傾いている。貿易や移民をやり玉に挙げ、中国をスケープゴート（いけにえ）にする政治に共鳴する民意がある。
- 中国に好ましい印象を持たない米国民は、いまや6割に上る。中国に厳しい姿勢で臨むという点では共和・民主両党ともほぼ一致しており、対中戦略の大まかな方向性は変わりそうにない。
- 世界は米中の覇権争いと、長期にわたって向き合わざるを得ない。「新冷戦」とも呼ばれる緊張関係は、米国の成長基盤の劣化、イノベーションの冬、文明の衝突をもたらすリスクがある。

【参考文献】

（和文）

エドワード・ルトワック（２０１８）『日本４・０　国家戦略の新しいリアル』文春新書、奥山真司訳

グレアム・アリソン（２０１７）『米中戦争前夜』ダイヤモンド社、藤原朝子訳

小竹洋之（２０１９）『迷走する超大国アメリカ』日本経済新聞出版社

サミュエル・ハンチントン（２０１７）『文明の衝突（上下）』集英社文庫、鈴木主税訳

ジョン・ダワー（２０１７）『アメリカ　暴力の世紀』岩波書店、田中利幸訳

貴堂嘉之（２０１８）『移民国家アメリカの歴史』岩波新書

（英文）

Barry R. Posen（2018）“The Rise of Illiberal Hegemony: Trump's Surprising Grand Strategy”, *Foreign Affairs*

Clara Hendrickson, Mark Muro and William A. Galston（2018）“Countering the Geography of Discontent: Strategies for Left-Behind Places”, The Brookings Institution

Dani Rodrik（2018）“Populism and the economics of globalization”, *Journal of International Business Policy*

Daron Acemoglu, David H. Autor, David Dorn, Gordon H. Hanson and Brendan Price（2016）“Import Competition and the Great U.S. Employment Sag of the 2000s”, *Journal of Labor Economics*

David H. Autor, David Dorn, Gordon H. Hanson and Kaveh Majlesi（2017）“Importing Political Polarization? The Electoral Consequences of Rising Trade Exposure”, The National Bureau of Economic Research

Diana C. Mutz（2018）“Status threat, not economic hardship, explains the 2016 presidential vote”, Proceedings of the National Academy of Sciences of the United States of America

Edward N. Wolff (2017) "Household Wealth Trends in the United States, 1962 to 2016: Has Middle Class Wealth Recovered?", The National Bureau of Economic Research

Emmanuel Saez and Gabriel Zucman (2019) *The Triumph of Injustice: How the Rich Dodge Taxes and How to Make Them Pay*, W. W. Norton & Company

Luigi Guiso, Helios Herrera, Massimo Morelli and Tommaso Sonno (2017) "Populism: Demand and Supply", Center for Economic Policy Research Discussion Paper

Mark Muro and Jacob Whiton (2019) "America has two economies-and they're diverging fast", The Brookings Institution

Raj Chetty, John N. Friedman, Emmanuel Saez, Nicholas Turner and Danny Yagan (2017) "Mobility Report Cards: The Role of Colleges in Intergenerational Mobility", The National Bureau of Economic Research

Raj Chetty, David Grusky, Maximilian Hell, Nathaniel Hendren, Robert Manduca and Jimmy Narang (2016) "The Fading American Dream: Trends in Absolute Income Mobility since 1940", The National Bureau of Economic Research

Ronald F. Inglehart and Pippa Norris (2016) "Trump, Brexit, and the Rise of Populism: Economic Have-Nots and Cultural Backlash", Harvard Kennedy School

第 4 章

半導体にみる中国の光と影
供給網が示すハイテク強国への難路

山田 周平（日本経済研究センター研究員、日本経済新聞社編集局企業報道部アジアテック担当部長）

中国の半導体自給率

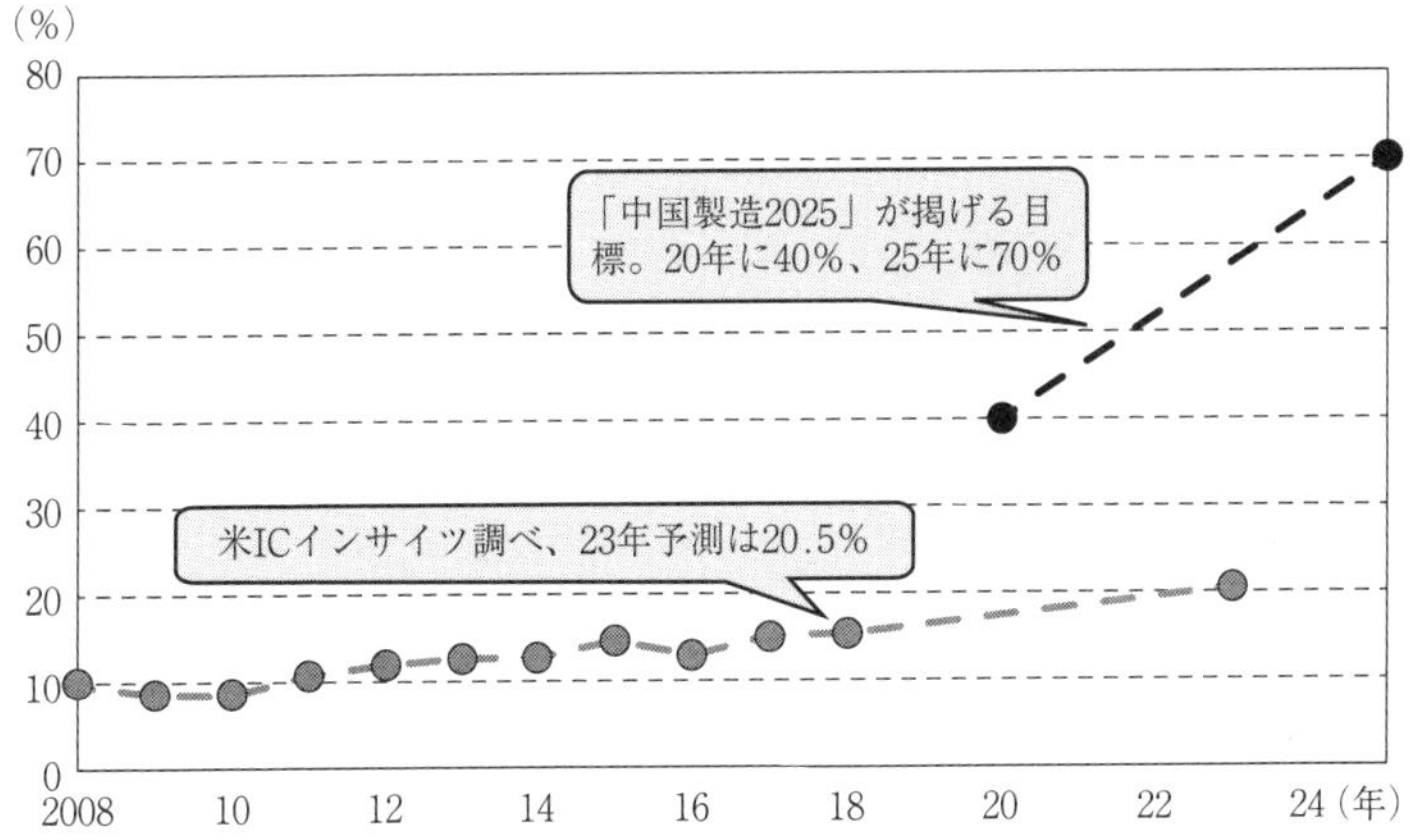

1　米中貿易戦争、半導体が焦点に

2018年春に始まった米中貿易戦争で、半導体が焦点に浮上している。あらゆる電子機器の頭脳に当たる半導体は、国全体の産業競争力を左右するだけでなく、ミサイルや戦闘機など武器の性能に直結する戦略物資であるためだ。

半導体での米中摩擦は2018年4月、中国通信機器大手の中興通訊（ZTE）をめぐって表面化した。米商務省はZTEが米国と対立するイランや北朝鮮への不正輸出を行っていたとして、同社と米国企業の取引を7年間禁止することを決めた。

スマートフォン用の半導体を米大手クアルコムなどから調達していたZTEは、製品の生産を継続できなくなる経営危機に直面し、罰金の支払いや経営陣の刷新に応じて同年7月に制裁を解除してもらった。中国を代表するIT（情報技術）企業の生殺与奪の権を実は米国が握っていたことが、白日の下にさらされた。

2018年10月には、半導体メモリーのDRAM生産に参入しようとしていた福建省晋華集成電路（JHICC）に安全保障上の重大なリスクがあるとして、米商務省が半導体製造装置などの米国製品の輸出を規制した。JHICCは米アプライドマテリアルなどから最先端の製造装置

図表4－1　半導体をめぐる米国と中国の摩擦

時期	摩擦の内容
2018年4月	米商務省が不正輸出を理由に、中興通訊（ZTE）と米国企業の取引を禁止
10月	米商務省が安全保障上のリスクを理由に、福建省晋華集成電路（JHICC）への半導体製造装置などの輸出を規制
2019年5月	米商務省が不正輸出を理由に、米国企業の部品やソフトを金額ベースで25％超含む製品の華為技術（ファーウェイ）への販売を禁止

資料：日本経済新聞報道より筆者作成

を購入することが不可能になった。米政府はＪＨＩＣＣと技術協力を進めていた台湾の半導体大手、聯華電子（ＵＭＣ）にも圧力をかけ、計画自体を頓挫に追い込んだ。

米商務省は２０１９年５月には、イランへの不正輸出を理由に中国通信機器最大手の華為技術（ファーウェイ）への制裁に踏み切った。米輸出管理法にもとづく「エンティティー・リスト」に追加し、米国企業の部品やソフトを金額ベースで25％超含む製品の販売を原則として禁じた。

米輸出管理法は米国外での取引も規制対象にしている。このため、ファーウェイに半導体設計に欠かせない知的財産（ＩＰ）を供与している英半導体設計大手アーム、ファーウェイが設計した半導体チップの製造を請け負う台湾積体電路製造（ＴＳＭＣ）などの非米国企業も取引に慎重に臨むようになった。中国を取り巻く半導体のサプライチェーン（供給網）全体が、米中摩擦への抵抗力を問われている。

2　半導体の自給率向上は悲願の国策

中国では2018年の「ZTE事件」以前から、半導体サプライチェーンの強化を目指す国策が何回も打ち出されていた。

国務院（政府）が2000年6月に公表した通称「18号文書」が皮切りだ。「IT産業のイノベーション能力と国際競争力を強化する」ことを目的に掲げ、中国が「世界の工場」の地位を固めようとしていた時期の政策らしく、純粋な産業振興策の色合いが濃い。具体策では、増値税（付加価値税）や関税の減免など税制上の優遇装置が目立つ。2011年1月公表の通称「新18号文書」は、10年間の実行期限が切れた18号文書の措置をひとまず延長している。

新旧の18号文書の時期には、ファウンドリー（半導体受託生産会社）の中芯国際集成電路製造（SMIC）、ファブレス（工場無し）メーカーの展訊通信（スプレッドトラム、のちに国有大手の紫光集団が買収して紫光展鋭に衣替え）など一定の国際競争力を持つ企業が誕生した。しかし、中国を「2010年までに世界的なICの開発・生産基地に」する目標が達成されたとは言いがたい。強化は、習近平指導部が2014年6月に公表した「国家IC産業発展推進ガイドライン」に持ち越された。

図表4－2　中国の主な半導体産業の強化策

時期	名称	概要
2000	ソフトウエア産業とIC産業の育成に関する通知（18号文書）	・中国を2010年までに世界的なICの開発・生産基地に ・有力メーカーへ各種の優遇税制
2011	ソフトウエア産業とIC産業のさらなる育成に関する通知（新18号文書）	・優遇税制などの維持・拡充
2014	国家IC産業発展推進ガイドライン	・2030年までに半導体供給網の主な領域で世界先端の水準に達する ・２兆円規模の「国家産業投資基金」を設立し、業界に資金を投入
2015	中国製造2025	・自給率を2020年までに40％、2025年までに70％へ上昇 ・第２の「国家産業投資基金」設立

資料：中国国務院の公開資料より筆者作成

ガイドラインは、国務院に副首相がトップを務める「国家ＩＣ産業発展指導グループ」を発足させたり、２兆円の規模とされる「国家産業投資基金」の設立を主導したりすることを明記している。半導体は「国家の安全を保障する戦略的、基礎的、先導的」な産業だと位置づけ、２０３０年までに「半導体サプライチェーンの主な領域で世界先端の水準に達する」ことを目標に掲げた。

２０１５年５月公表のハイテク産業育成策「中国製造２０２５」は、半導体を含む次世代の情報通信技術（ＩＣＴ）産業を重点10分野の筆頭に置いた。「国家の情報とネットの安全に関わる半導体チップ」の開発能力を高めることを掲げるなど、18号文書に比べると重点が産業振興から安全保障に移っている。「中国製造２０２５」は安

図表4－3　「中国製造2025」の重点分野

分野	主な目標
次世代情報通信技術	25年の半導体自給率70%、5G技術で飛躍
工作機械・ロボット	精密・高速な工作機械や産業用ロボなど開発
航空・宇宙設備	ドローン実用化や次世代ロケット開発の推進
海洋エンジニアリング・ハイテク船舶	深海探査向けの主要システムなどを開発
先端的鉄道設備	新技術で世界トップ級の交通システムを整備
省エネ・新エネ自動車	独自ブランドの省エネ車を世界トップ級に
電力設備	大型水力発電や原子力発電の発電能力を拡大
農業用機材	食糧などの生産に使う農業機器を重点開発
新素材	超電導素材、ナノ素材などの開発を加速
バイオ医薬・高性能医療機械	重病を対象とした化学薬品や漢方薬を開発

資料：中国国務院の公開資料より筆者作成

全保障を念頭に、半導体の自給率を２０２０年に40%、２０２５年に70%まで高める野心的な目標を掲げている。

「中国製造２０２５」はＩＣＴ以外でも、国の競争力を左右する重点分野を挙げている。工作機械・ロボットは「世界の工場」中国が割安な労働力への依存から脱却するために高度化が欠かせず、航空・宇宙設備の開発・運営は人民解放軍が主導していることが広く知られる。

トランプ米政権は「中国製造２０２５」が政府補助金などで産業競争を不公正にしていると批判する。中国の施政方針に当たる全国人民代表大会（全人代）の政府活動報告は２０１５年以降、4年連続で「中国製造２０２５」に触れてきたが、２０１９年はなかった。米国の批判を意識しているようだ。

3　中国の半導体サプライチェーンの担い手

官民を挙げて強化してきた中国の半導体サプライチェーンは現在、どんな会社が支えているのか。中国のハイテク安全保障の観点から重要と思われるサプライチェーンの3つの領域について、現状を分析してみる。

ファーウェイの黒子ハイシリコン

ファーウェイは次世代通信規格「5G」対応の基地局やスマートフォンで世界シェア首位を争う通信機器メーカーだ。5G普及を突破口に世界のハイテクを先導したい習指導部にとっては頼れる存在だが、米国は通信分野の安全保障を脅かす存在と見なしている。前述の通り、米国は2019年5月に制裁を科したものの、ファーウェイは同年1―9月期に前年同期比で24％増収を実現した。

同業のZTEがわずか3カ月で米制裁にギブアップしたのと対照的に、ファーウェイはかなりの「打たれ強さ」をみせている。両社の大きな違いは、自力で最先端の半導体を開発する能力を持つか否かにあるとの見方が多い。ファーウェイの半導体開発を担う黒子が、2004年設立の

2019年３月、北京で開かれた放送技術展示会のハイシリコンのブース（筆者撮影）

完全子会社、海思半導体（ハイシリコン）だ。

ハイシリコンは中国メディアの取材に対しても一切応じない秘密主義を貫き、その技術力や事業内容はベールに包まれてきた。筆者はふたつの手法を通じ、ハイシリコンが世界に通用するファブレスメーカーに育っているとの確証を得た。

ひとつは、ハイシリコン製の半導体チップを分解することで分かる技術力だ。ハイテク調査会社のテカナリエ（東京・中央区）は、ファーウェイが18年に発売した高級スマホ「Mate 20 Pro」と米アップルの「iPhone XS」を分解し、それぞれの頭脳にあたる半導体の「KIRIN 980」と「A12 BIONIC」を比較した。前者はハイシリコン、後者はアップルがそれぞれ回路を設計したチップだ。

半導体回路の線幅は一般に、微細なほどチップが小さくなり、演算能力や省電力性能が上がる。両チップとも、線幅は７ナノ（ナノは10億分の１）メートルだった。清水洋治テカナリエ社長によると、世界で２０

図表４－４　ハイシリコンの売上高の推移

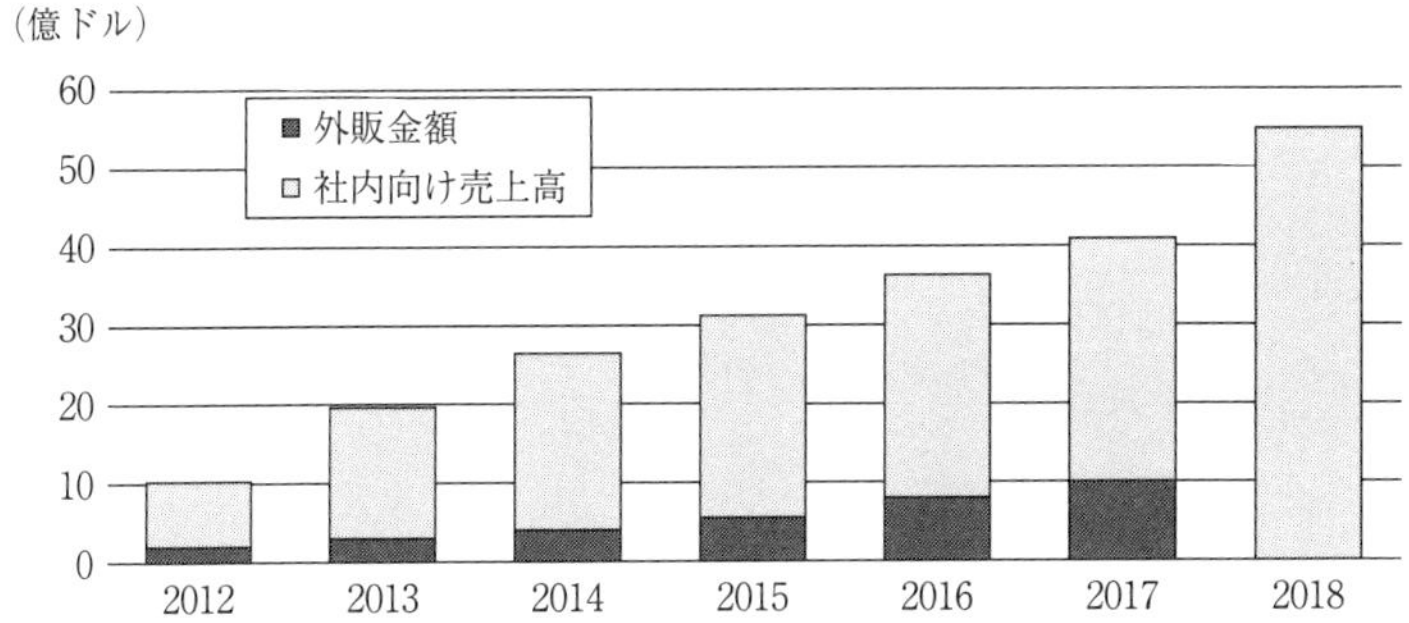

資料：売上高は英 IHS マークイットの推計、外販金額はハイシリコンの顧客向け資料にもとづき筆者作成。2018年の内訳は不明

18年末までに実用化された7ナノメートル半導体は３種類だけだった。チップの分解により、ハイシリコンはアップルと並び、微細回路の設計能力で世界最先端のレベルにあることが裏付けられた。

もうひとつは、ハイシリコンの事業内容に関するデータの入手・分析だ。英調査会社ＩＨＳマークイットの推計では、２０１８年のハイシリコンの売上高は約55億ドル（約６０００億円）だった。すでに、スマホ用半導体の巨人であるファブレス世界最大手、クアルコムの約３分の１の規模まで迫っている。

筆者が日系テレビメーカーから入手したハイシリコンの顧客向け資料（２０１９年４月版）には、より細かい経営情報が記載されている。ハイシリコンは従来、ファーウェイにのみ半導体を供給する存在だとみられてきたが、資料によると２０１７年には約10億ドルを外販している。ＩＨＳが推計したこの年の売上高から計算すると、約25％を外販していることになる。

外販しているのは、監視カメラ、セットトップボックス、デジタルテレビ、家庭用ネットワーク機器の頭脳に当たる半導体だ。顧客リストには、パナソニック、シャープ、リコーなど日本の有力電機・精密機器メーカーの社名もある。

ハイシリコンは規模や品ぞろえ、顧客層から判断しても、世界有数の半導体ファブレスに育ってきたとみてよい。ファーウェイはクアルコムなど米国企業から半導体の供給を絶たれてもハイシリコンから代替品の調達を期待できるだけでなく、逆にハイシリコンに禁輸を指示すれば日本の電機・精密業界のサプライチェーンをある程度、まひさせることもできるだろう。

台湾大手を追うSMIC

世界の半導体産業では2000年ごろから総合メーカー（IDM）が衰退し、回路の設計、シリコンウエハーへの回路加工、チップの封止・検査などの主な工程をそれぞれ専業会社が担う水平分業が広がっている。中国の半導体設計を牽引するハイシリコンも自社工場を持つわけではない。ファーウェイが使う「KIRIN 980」など最先端の半導体チップの製造は、世界最大のファウンドリーである台湾のTSMCに委託している。

仮に、米国の制裁強化でTSMCが中国企業との取引を禁じられれば、ハイシリコンは中国本土で製造委託先を探さねばならない。現時点では、中国ファウンドリー最大手のSMICが最有力の選択肢になる。ファーウェイは最先端ではない半導体の製造委託先としてすでにSMICを使っているもようだが、TSMCとは実力に大きな差があるのが現実だ。

台湾の調査会社、拓墣産業研究院がまとめた2019年7—9月期のファウンドリーの世界シ

図表4－5　ファウンドリーの世界シェア（2019年7―9月期、％）

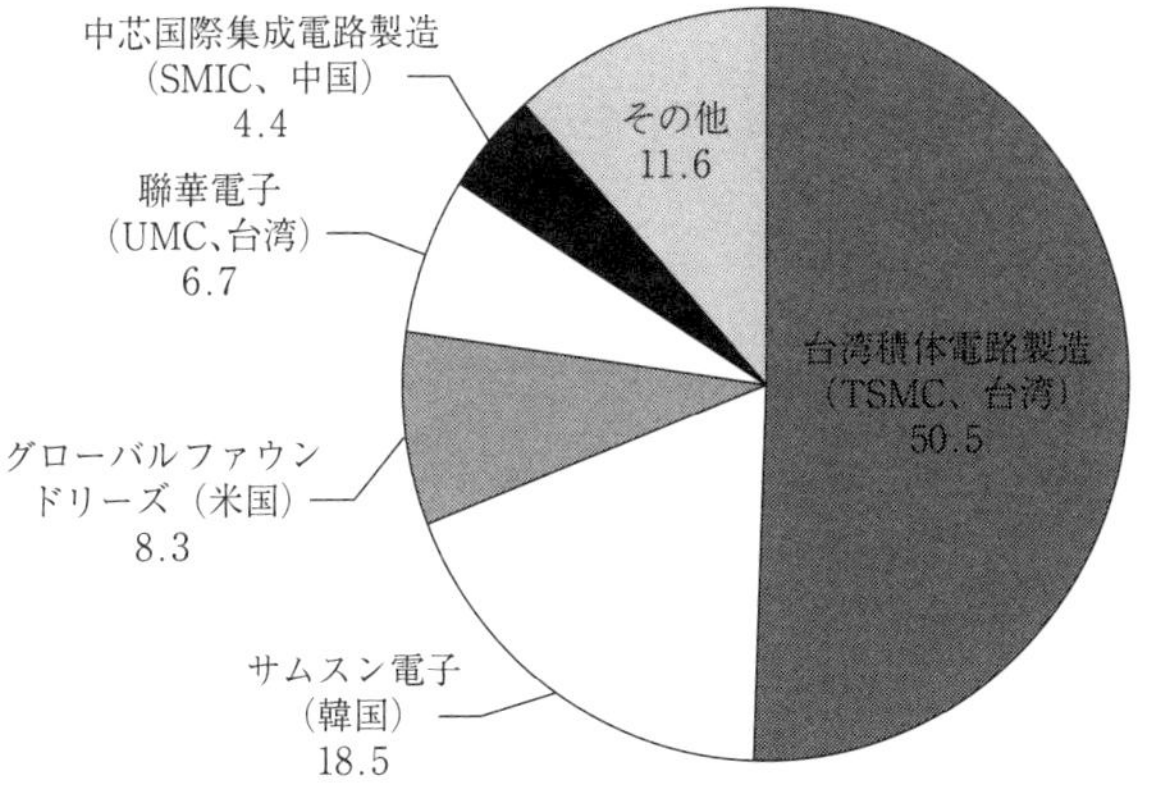

資料：台湾の拓墣産業研究院の調査より筆者作成

ェアでは、ＴＳＭＣの50・５％に対し、ＳＭＩＣは４・４％で５位にとどまる。規模で10倍以上の開きがある。

ファウンドリーの技術力を示す回路の微細加工技術でも後塵を拝している。米調査会社ＩＣインサイツが２０１９年２月に公表した世界の有力半導体メーカーの微細加工技術のロードマップ分析によると、ＳＭＩＣは２０１９年初頭に線幅14ナノメートルの半導体の量産に入る見通しとなっていた。これは、ＴＳＭＣに比べ、技術が４年ほど遅れていることを意味する。

さらに、『日本経済新聞』（２０１９年11月７日付朝刊）によると、オランダの半導体製造装置大手ＡＳＭＬは２０１９年末までにＳＭＩＣにＥＵＶ（極紫外線）露光装置を納入する予定だったが、作業をストップした。米国を刺激するのを避けるため、納入を保留しているという。ＥＵＶ露光装置は線幅７ナノメートル以下の微細加工に欠かせないとされるが、現時点では世界でＡＳＭＬ１社しか開発・製造能力を持たない。ＡＳＭＬによる納入保留が続けば、ＳＭＩＣの微細加工技術がＴＳＭＣに追いつく日はかなり遠のくことになる。

「半導体は国際化が非常に進んだ産業であり、特定の１カ国・地域が１００％の国産を実現することは不可能である」。筆者が２０１９年9月、中国・上海で半導体業界の大型イベント「ＩＣチャイナ」を取材した際、ＳＭＩＣの周子学董事長は講演でこう語っていた。さらには「みんなが長所と短所を補いあってこそ、ウィンウィンの関係を築くことができる」と国際協力の必要性も訴えていた。

兼務する中国半導体産業協会の理事長としての講演だったが、自社を含む中国の半導体サプライチェーンの脆弱さを意識した発言だといえそうだ。米中摩擦の激化でＴＳＭＣが中国企業と取引できなくなり、かつＳＭＩＣが最先端の製造装置の調達を封じられれば、ファーウェイなど中国のＩＴ製造業大手が5Ｇ対応スマホなど最先端のＩＴ機器の生産・販売を続けることは、難しくなる。

先端製品の生産を支える外資

ＩＣインサイツの２０１９年2月時点の推計では、中国の半導体自給率は２０１８年時点で15・３％にとどまる。「中国製造２０２５」が掲げる「２０２０年までに40％」という目標の達成はすでに困難だ。さらに、安全保障の観点からすると、自給には台湾系を含む外資の中国工場による生産が含まれ、しかもかなりの比率を占めている点に留意しておく必要がある。

図表4－6　中国での半導体メーカーの売上高ランキング（2018年、億元）

順位	社名（国・地域）	主な事業領域	売上高
1	**サムスン電子（韓国）**	**フラッシュメモリー**	**271**
2	**インテル（米国）**	**フラッシュメモリー**	**227**
3	中芯国際集成電路製造（SMIC、中国）	ファウンドリー	225.1
4	**SKハイニックス（韓国）**	**DRAM**	**151.4**
5	上海華虹集団（中国）	ファウンドリー	106.6
6	華潤微電子（中国）	総合半導体メーカー	75.7
7	**台湾積体電路製造（TSMC、台湾）**	**ファウンドリー**	**39**
8	**和艦科技（台湾）**	**ファウンドリー**	**36.9**
9	西安微電子技術研究所（中国）	宇宙機器用半導体	30
10	武漢新芯集成電路製造（中国）	フラッシュメモリー	26.9

資料：「中国半導体産業発展状況報告（2019年版）」より筆者作成、太字は外資系

中国半導体産業協会がまとめた「中国半導体産業発展状況報告（2019年版）」によると、中国国内には2018年現在、直径300ミリの大型シリコンウエハーを素材に使う先端半導体の生産ラインが17ラインある。そのうち、8ラインが外資による単独投資か、外資と地方政府などによる合弁の工場として運営されている。

17ラインの生産能力を単純に合計すると、300ミリウエハー換算で月間99・1万枚以上となる。そのうち、外資が月間60・5万枚分を占めている。工場ごとに生産品目や歩留まり、設備稼働率が違うことは差し引く必要があるが、中国の先端半導体の半分以上は外資系が生産しているとみて間違いない。

中国で事業展開する半導体メーカーの売上高ランキングをみても、外資系の優勢は明らかだ。先の「中国半導体産業発展状況報告（2019年版）」によると、2018年の首位は陝西省

西安市でNAND型フラッシュメモリーの工場を運営する韓国サムスン電子の中国子会社だった。遼寧省大連市でNAND型フラッシュメモリーなどを生産する米インテルの子会社が2位で続くなど、上位10社のうち5社を外資系が占めている。

前述した2014年公表の国家IC産業発展推進ガイドラインは、半導体産業で国際協力の拡大を促し、対外開放を進めると明記している。このため、米中摩擦の余波でインテルの大連工場の材料調達が困難になり、運営に支障が出るなどの事態は想定しにくい。ただし、現時点では中国の半導体生産のかなりの部分を米韓台メーカーが握っていることは、米国が対中圧力を強める際に韓国や台湾にどう同調を求めるかという側面からも興味深い事実といえる。

4　専門家がみる中国のサプライチェーン

前節で触れた事例を要約すると、①中国の半導体産業は回路設計では世界レベルの企業を擁しているものの、②設計した半導体を実際にシリコンウエハーに加工するファウンドリーでは世界最先端の実力は持たず、③業界全体のチップ生産能力もかなりの比率で外資に依存している――となる。

筆者はこれらの分析に肉付けするため、日中の複数の専門家に見解を聞いた。図表4－7に示

図表4－7　半導体のサプライチェーンのイメージ

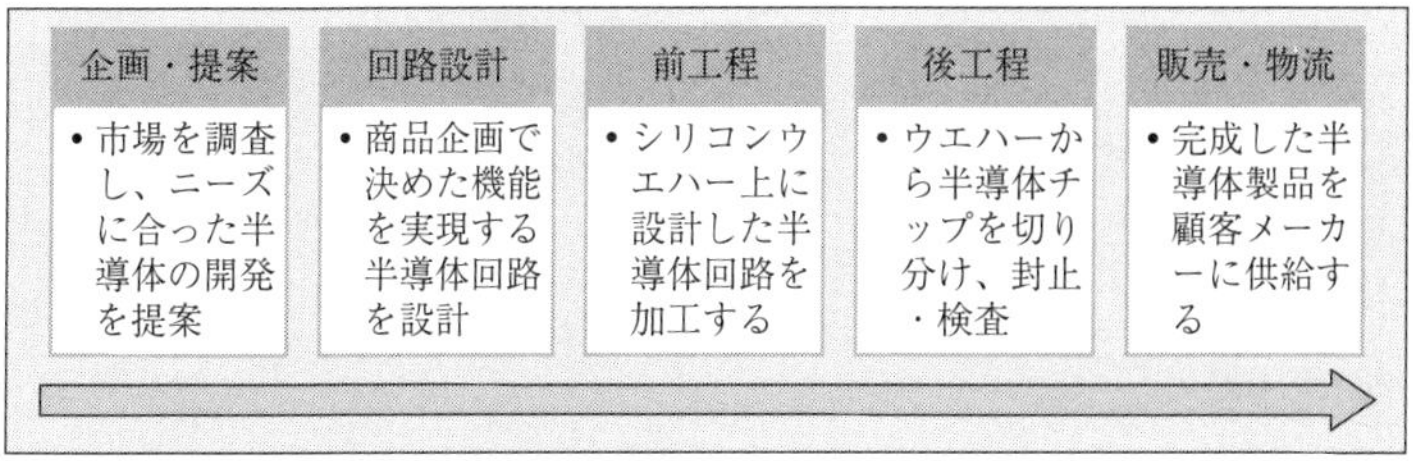
企画・提案
・市場を調査し、ニーズに合った半導体の開発を提案
回路設計
・商品企画で決めた機能を実現する半導体回路を設計
前工程
・シリコンウエハー上に設計した半導体回路を加工する
後工程
・ウエハーから半導体チップを切り分け、封止・検査
販売・物流
・完成した半導体製品を顧客メーカーに供給する

資料：業界団体資料などより筆者作成

した半導体サプライチェーンのうち、付加価値を左右する「企画・提案」「回路設計」「前工程」の３つの領域を主な議論の対象とした。

２０１９年３月にインタビューした中国の独立系調査会社、芯謀研究の顧文軍・首席アナリストは、「企画・提案」に5段階評価で「４」をつけた。中国は世界最大の半導体市場のため顧客ニーズを反映しやすいが、生産する電子機器は中低級製品が多いのが減点要因だという。「回路設計」は「３・５」だった。ファブレス最大手のハイシリコンは最先端レベルの設計能力を持つものの、紫光展鋭など2位以下が大きく遅れていると判断していた。

問題は「前工程」だ。ファウンドリーはＳＭＩＣが奮闘はしているものの、ＴＳＭＣとの差は埋めがたく「２・５」。これとは別に、中国では先に触れた「国家産業投資基金」など公的資金をバックに全国各地でフラッシュメモリーなどの前工程の大型工場の建設が進んでいる。生産の外資依存からの脱却にはプラスといえる動きだが、顧は問題点があると指摘した。主に①地方ごとに運営会社が異なり、経営資源が分散している、②地方政府が金だけでなく口も出し、市況変動に柔軟に対応する経営ができなくなる――の2点だった。

前工程工場の運営には、露光装置など半導体製造装置とシリコンウエハーなど素材が欠かせない。中国としてはこれも自給したいところだが、顧の評価は製造装置が「0・5」、素材が「0・3」と手厳しかった。装置や素材の技術者が一人前になるには10年単位で経験を積む必要があるとされるが、「中国の若い技術者は2、3年で転職してしまうので、ノウハウの蓄積が進まない」と嘆いていた。

国際半導体製造装置材料協会（SEMI）の居龍・中国区総裁は2019年9月のインタビューで、筆者が求めた5段階での評価は避けた。代わりに、「中国には半導体のサプライチェーンは一通りそろっているが、世界大手からは遅れている。従って、中国は世界を必要としている」との見方を示した。

居は米国、欧州、日本、韓国、台湾もそれぞれ一定のサプライチェーンを備えていると語ったが、特殊な分野として回路設計に必要な自動化（EDA）ソフトを挙げた。最先端の回路設計に欠かせないソフトだが、シノプシスなど米国3社による寡占状態にある。技術があまりに高度なため、今後も中国で代替品メーカーが登場するのは望み薄だという。このため、居は、制裁により米国3社がファーウェイとの取引を禁じられれば、ハイシリコンの回路設計作業に影響が出る可能性が高いと指摘した。

2019年4月にインタビューしたテカナリエの清水社長は、スマホからスーパーコンピューターに至るまで年間300台もの電子機器を分解し、内蔵の半導体を解析するという独特の手法をとる。日本の大手半導体メーカーで技術部門のナンバー2を務めた目利きだ。2015年のテカナリエ設立以降、ランダムに電子機器を分解してきたが、中国製半導体の搭載比率が着々と高まっていることを実感するという。

前述の通り、清水社長はファーウェイ製スマホの分解により、ハイシリコンの半導体回路の設計能力が世界最先端のレベルにあることを確認した。同時に、回路の微細加工の水準が高い中国製半導体のほとんどは、製造をTSMCに委託していることも分かるという。

5 自主開発力の強化へ新たな取り組み

中国の半導体サプライチェーンについて、前項で専門家が指摘した弱みなどに気づいている業界関係者は多い。それらの弱みを克服して自主開発力を高め、商機につなげる新たな取り組みも始まっている。

「脱・アーム」めざす「リスクファイブ」採用

前述した半導体サプライチェーンの「回路設計」のうち、電子機器の頭脳となるプロセッサーの設計では、演算を行う際の決まり事を定めた「命令セット」と呼ぶIPが欠かせない。ソフトバンクグループ傘下のアームはスマホ用半導体のＩＰで世界シェア１００％近くを占め、あらゆるものがネットにつながる「ＩｏＴ」機器全般に応用範囲を広げる戦略をとっている。

ハイシリコンなど中国の半導体ファブレスも従来、当然のようにアームのＩＰを使ってきた。しかし、米中貿易戦争が始まった２０１８年以降、特定の海外企業に依存するのは危険だとの認識から、「ＲＩＳＣ－Ｖ（リスクファイブ）」でアームを代替する動きが広がっている。リスクファイブとは、米カリフォルニア大バークレー校が２０１０年に提唱し、中国勢を含む誰もが自由に使える「オープンソース」のＩＰだ。

筆者が取材した２０１９年９月のＩＣチャイナでは、「リスクファイブの産業化」をテーマとした分科会が開かれた。注目を集めたのは、中国ネット通販最大手アリババ集団の半導体子会社である平頭哥の開発責任者の講演だった。平頭哥は同年７月、リスクファイブを使って５Ｇ対応のプロセッサー「玄鉄９１０」を開発したばかり。責任者は「省電力と高性能を両立できるＩＰだ」とリスクファイブを称賛した。

平頭哥以外の動きもある。紫光展鋭は同年５月、リスクファイブで開発した近距離無線通信「ブルートゥース」用の半導体チップを発売した。ワイヤレスイヤホンの制御に使う。スマホ大手、小米（シャオミ）系の華米科技は同年８月、リスクファイブで開発したチップを載せたウエアラブル端末を発売した。ファーウェイもこのＩＰを管理する米国の「リスクファイブ財団」に加盟済みで、ハイシリコンが対応チップの開発に入ったもようだ。

リスクファイブは現時点では、関連のソフトウエアの品ぞろえなど開発のエコシステム（生態

2019年９月、上海で開かれたリスクファイブ普及に関する討論会（筆者撮影）

系）でアームに見劣りし、中国勢はアームのＩＰも当面は並行して使う構えだ。ただ、アームはファーウェイなどとの取引継続は「米商務省のガイドラインの範囲内で」としており、米中摩擦のさらなる激化に備えた代替手段としてリスクファイブへの期待は大きい。

リスクファイブ財団側もこの動きを歓迎している。財団に加盟するＳＨコンサルティング（東京・中央区）の河崎俊平最高経営責任者（ＣＥＯ）によると、中国勢のリスクファイブ採用は「世界的な普及の突破口になると期待している」のだという。財団側はアーム支配の打破を掲げるものの、日米欧では採用が遅れており、世界最大の半導体市場である中国に期待しているとの見立てだ。伝統的に民主党支持が根強い米シリコンバレーに本拠を置く同財団は、共和党のトランプ政権に批判的で、今後も中国との協力を続ける方針だ。

2019年９月、上海の展示会でAMECが出展した半導体製造装置の模型（筆者撮影）

ハイテク市場「科創板」に相次ぎ半導体銘柄

中国では２０１９年7月22日、「中国版ナスダック」と呼ばれる新たな株式市場「科創板」の取引が始まった。イノベーションを牽引する企業の育成を目的に習指導部の肝煎りで開設された市場で、上場第1陣の25社のうち6社が半導体関連だった。科創板は新エネルギー車、バイオテクノロジーなども重視しているが、第1陣の分野別の上場社数では半導体がトップだった。

第1陣には、半導体サプライチェーンの弱点を補うと期待される企業も入っている。シリコンウエハーに溝を掘って回路を加工する「エッチング装置」を手がける製造装置メーカーの中微半導体設備（ＡＭＥＣ）が上場した。最先端の微細加工には対応できないようだが、「ＴＳＭＣなども古い加工技術を使う工場のコストダウンのため、ＡＭＥＣ製装置の採用を始めた」（芯謀研究の顧文軍・首席アナリスト）もようだ。

素材では、シリコンウエハーの表面を磨くための研磨剤を手がける安集微電子科技（ＡＮＪＩ）が第１陣に入った。ＡＮＪＩの王淑敏董事長は２０１９年９月、国営新華社の取材に対し「中国が質の高い半導体材料を自給する能力を高める一翼を担うことが当社の最優先の発展戦略だ」と抱負を語っている。

科創板に上場した半導体関連銘柄は２０１９年11月末時点で、11社まで増加している。上場に伴う資金調達や知名度向上で力をつけ、日米欧企業との差を縮める装置・素材メーカーが続く可能性もある。

6　遠い自給率目標、強国への努力は続く

前節までの考察を総括すると、歴代の共産党指導部は「中国製造２０２５」などの政策が示す通り、半導体産業の育成を重要課題と位置づけてきた。自給率を２０２０年に40％、２０２５年に70％まで高める「中国製造２０２５」の目標達成は困難だが、少しでも自主開発能力を高めようとする努力は官民を挙げて続いている。

中国がこうして築いてきた半導体サプライチェーンの国際競争力は、世界レベルの企業を擁する回路設計から先端製品の自給が難しい製造装置・素材に至るまで、分野ごとに強弱がかなり異

図表4－8　半導体製造装置の世界市場

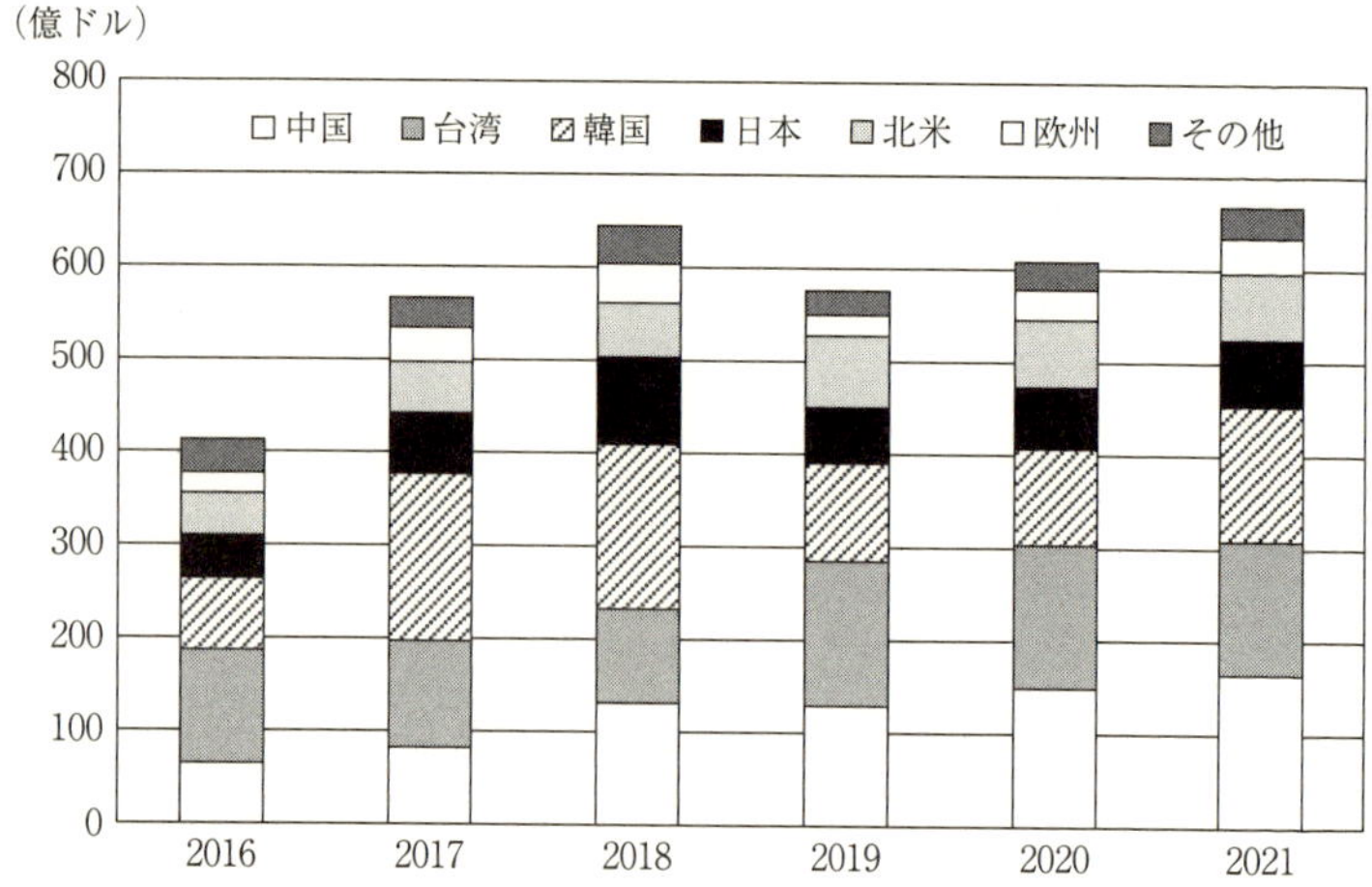

資料：SEMIの2019年12月の発表より筆者作成、2019年以降は予測

なる。回路設計など競争力のある分野も外資によるソフトや受託製造サービスの提供が遮断されれば、事業の継続が困難になりかねない弱点を抱えている。

中国のサプライチェーンの海外依存は当面続きそうだ。SEMIが2019年12月に発表した世界の半導体製造装置の需要予測では、中国市場は2021年に164・4億ドルと国・地域別で初めて首位になる見通しだ。国家産業投資基金などの公的支援を背景にした旺盛な設備投資意欲を反映している。

ただし、SEMIで市場予測を担当する曹瑞楡ディレクターによると、このうちAMECなど中国の製造装置メーカーが供給できる比率は付加価値の高い「前工程」向けで3―5％、技術が比較的容易な「後工程」向けで10―15％にとどまるという。

半導体製造装置はもともと、軍事転用の可能性がある製品・技術の輸出を管理する国際枠組み「ワッセナー・アレンジメント」の対象であり、日米欧など参加国は先端製品の対中輸出に一定の規制を設けている。これに加えて、トランプ政権がハイテク安全保障を重視してアプライドマテリアルなど米装置メーカーに中国との取引を禁じ、かつ日欧に同調を求めれば、「中国製造2025」などで掲げた半導体産業の振興策は絵に描いた餅となる。

もろさを抱える中国の半導体サプライチェーンは壊滅的な状況に陥り、ハイテク強国という目標は遠のくだろう。ただし代償として、世界有数の市場を失った日米欧の装置メーカーの経営も深刻な打撃を受け、その影響は株価下落を通じて世界の金融市場にも波及しかねない。

7 日本は是々非々で協力を

筆者は2019年のある日、半導体や液晶パネルの工場の誘致を進めている中国の地方都市を取材した際、地方政府系の投資会社と日本ビジネスを得意とする華人コンサルタントの懇談にオフレコを条件に同席したことがある。

投資会社の担当者は、巨大な工場を誘致してみたものの製造装置・素材などの周辺産業の集積がないことに頭を痛めていた。筆者に対し、日本から国際競争力のある半導体・液晶パネルメーカーが消えたと述べたうえで「我が市のメーカーは今後、日本の装置・素材メーカーの得意先になる。日本にはもう顧客はいないのだから、ぜひ我が市に工場を建設してほしい。我々が資金の一部を出しても構わない」と訴えてきた。その場では適当に相づちを打っておいたが、筆者は担当者の提案に半分は同意するものの、半分は反対だ。

日本が中国の半導体メーカーを得意先にすることには賛成する。トランプ政権がどんなに制裁をかけようと、中国は官民を挙げて半導体産業の育成を続けるだろう。それを逆手にとり、日本製の装置・素材を中国のサプライチェーンの欠かせない要素として組み込んでおければ、日本には安全保障上もビジネス上もプラスになる。韓国が2019年7月以降、日本製のフォトレジストやフッ化水素の入手が難しくなり、困っているのと同じ構図をつくれたら理想的だ。

ただし、中国に装置・素材の工場を建てることには同意しかねる。中国の産業界では模倣の習慣が根強いうえ、前述の通り技術者の転職の頻度が高い。日本メーカーがどんなに対策を講じていても、何らかの形で技術は漏れていく。できる限り輸出で対応すべきだ。

中国が半導体のサプライチェーンを整えることは、日本にとって脅威であり、かつ好機でもある。日本は米国の対中制裁に単純に追従することは避け、装置・素材など自らの強みを見極めながら、是々非々で中国に協力していくべきだろう。

【本章のポイント】

- 米中貿易戦争で中国の半導体産業のあり方が焦点となっている。制裁により米国からの製品調達を絶たれた中国の半導体・通信機器メーカーが経営危機に陥る事例まで発生した。米国は、半導体がハイテク覇権争いの主戦場だとみて対中圧力を強めている。

- 中国は2000年ごろから、半導体産業の育成を国策として進めてきた。当初は純粋な産業振興策の側面が強かったが、ハイテク産業育成策「中国製造2025」ではインターネットの情報セキュリティに必要な半導体チップの開発を掲げるなど、安全保障に軸足が移っている。
- 中国の半導体サプライチェーンは現在、回路設計など世界最先端に近づいた領域と、製造装置・素材など遅れた領域が入り交じっている。総じて言えば、海外技術への依存度はまだ高い。日本は強弱が混在する中国に是々非々で協力し、安全保障とビジネスの双方でプラスを得る工夫をすべきだ。

【参考文献】

日本経済研究センター（2019）『「新時代」の中国ビジネス　激動期をいかに勝ち抜くか』

第 5 章

経済相互依存は米中対立を抑止できないか

関山 健（京都大学大学院総合生存学館准教授）

米国の輸入総額に占める主要国シェアの推移

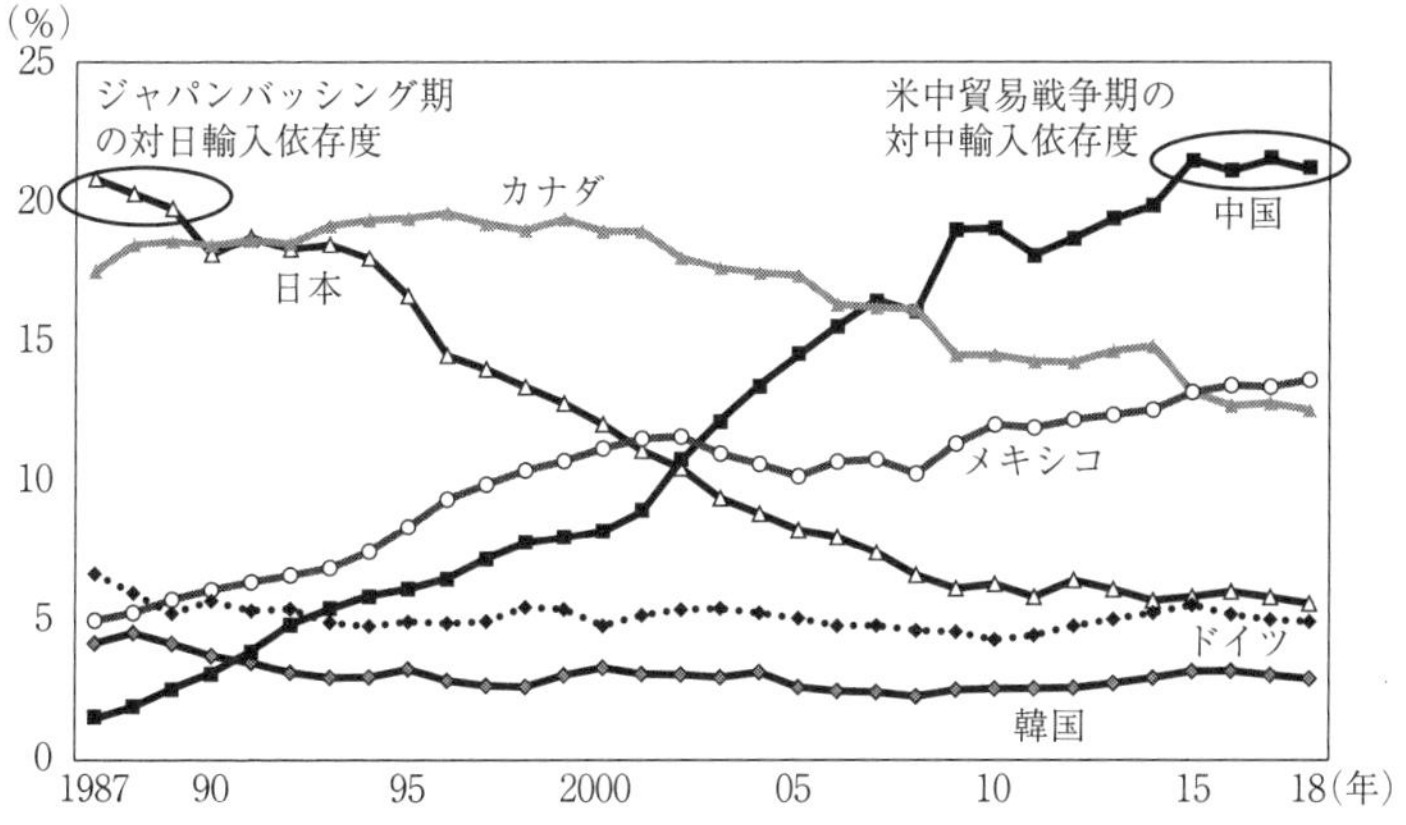

資料：U.S. Census Bureau

米中対立の先が見通せない。いわゆる米中貿易戦争は2020年1月に第1段階の合意に達したものの、勃発以来、歩み寄りの兆しが見えたかと思うと、ほどなくして再び対立することを繰り返してきた。本章では、経済相互依存が米中関係に与える影響について、国際政治学における先行研究を参照しつつ、日中関係、日米関係、さらには第1次世界大戦前の欧州などと比較しながら考察する。

米中関係と同じく、日中関係や日韓関係も経済相互依存の下で対立が絶えない。日米も、かつては厳しい経済摩擦を経験した。第1次世界大戦前の欧州は、経済相互依存に紛争抑止力がない歴史的証拠としてしばしば言及される事例だ。本章は、貿易データの比較を通じて、これらの事例の類似点と相違点を明らかにし、米中関係への示唆をくみ取る。

1　貿易額シェアの推移から見た米中・日中関係

まず各国の貿易総額に占めるシェアの推移という視点から、米中関係と日中関係を比較してみたい。

日本の存在感低下と中国の対日強硬政策

図表5―1は、日本の貿易総額に占める主要国（2018年時点での上位3カ国）のシェアの推移である。かつて圧倒的であった米国のシェアが2000年代に入る頃から低下する一方、それに入れ替わるように中国のシェアが大きく伸びてきたことが分かる。

これに対して、中国の貿易総額に占める主要国のシェア（図表5―2）を見ると、1985年の30・4％をピークに低下の一途をたどっている。2004年には中国にとって最大の貿易相手国が日本から米国へと変わった。いまや中国にとっては、日本よりも欧州連合（EU）や東南アジア諸国連合（ASEAN）の方が大きな貿易相手となり、日本のシェアは近年7％程度にとどまっている。

日本に対する中国の依存度が下がる一方、外交安全保障上で中国が日本に無遠慮な態度を取ることが以前にも増して目立つように見える。その一例が、日本の海空域における中国の活動範囲の拡大である。例えば、日本の領空を侵犯する恐れがある中国機に対し、航空自衛隊の戦闘機が緊急発進（スクランブル）をかけた回数は、中国の日本に対する貿易依存度の低下と反比例するように、過去20年間で大幅に増加している（図表5―3）。

もちろん、中国の対日姿勢は、それぞれの問題領域や個別事例ごとに、より直接的な要因が作用している。しかし、これらの図を並べて見ると、1つの傾向として、日中経済相互依存関係の変化が中国の対日強硬姿勢にある程度の影響を及ぼしているように思われる。

すなわち、中国としては、日本に対する経済依存が低下してきたことによって、日本との対立を回避するインセンティブも低下してきたのではないだろうか。経済相互依存による対立抑止力

図表5－1　日本の貿易総額に占める主要国シェアの推移

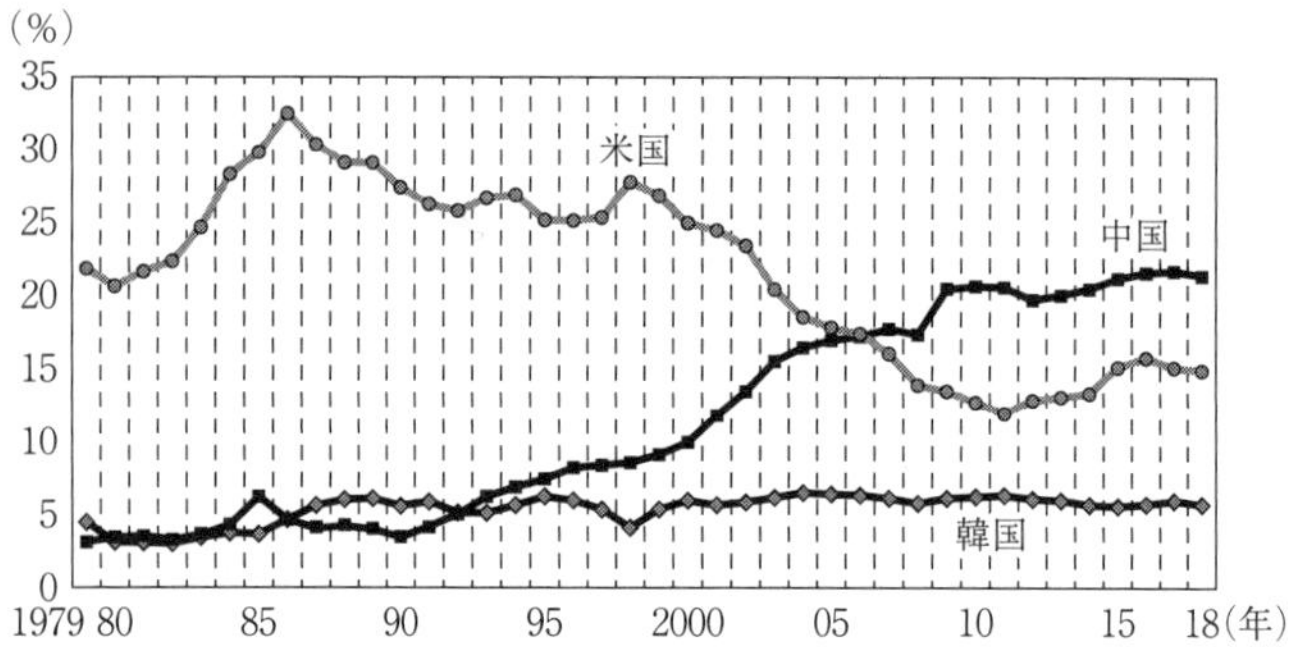

資料：財務省

図表5－2　中国の貿易総額に占める主要国シェアの推移

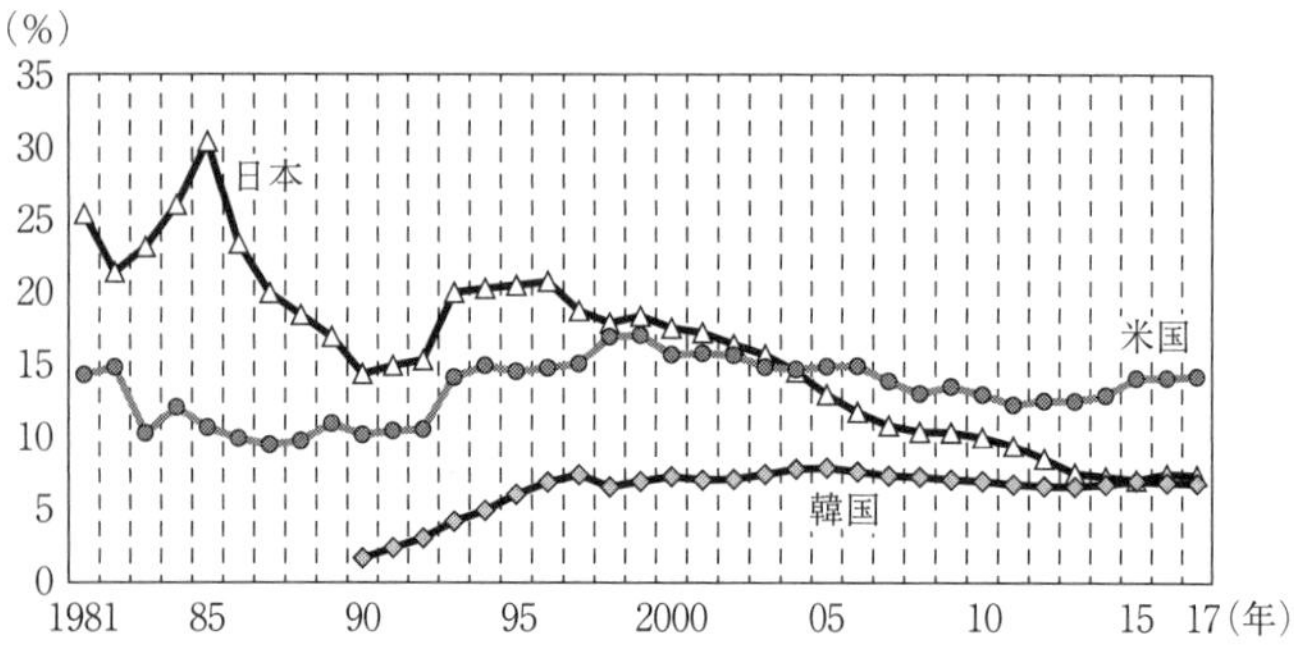

資料：中国統計局

図表5－3　中国機に対する自衛隊機緊急発進の回数

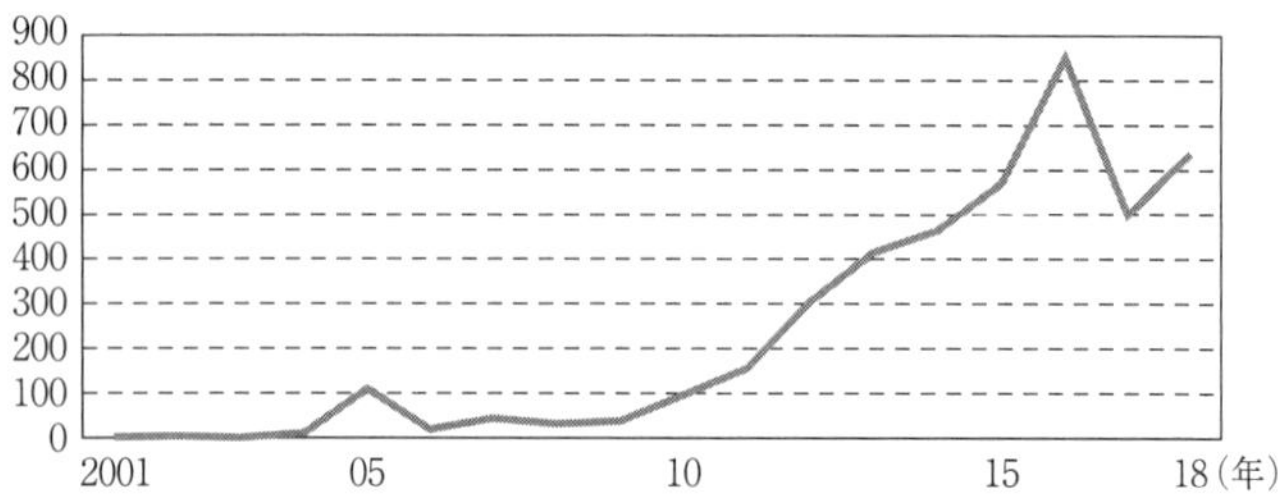

資料：防衛省（2009年以降は公表値、2008年以前は筆者の推計値）

図表５－４　米国の貿易総額に占める主要国シェアの推移

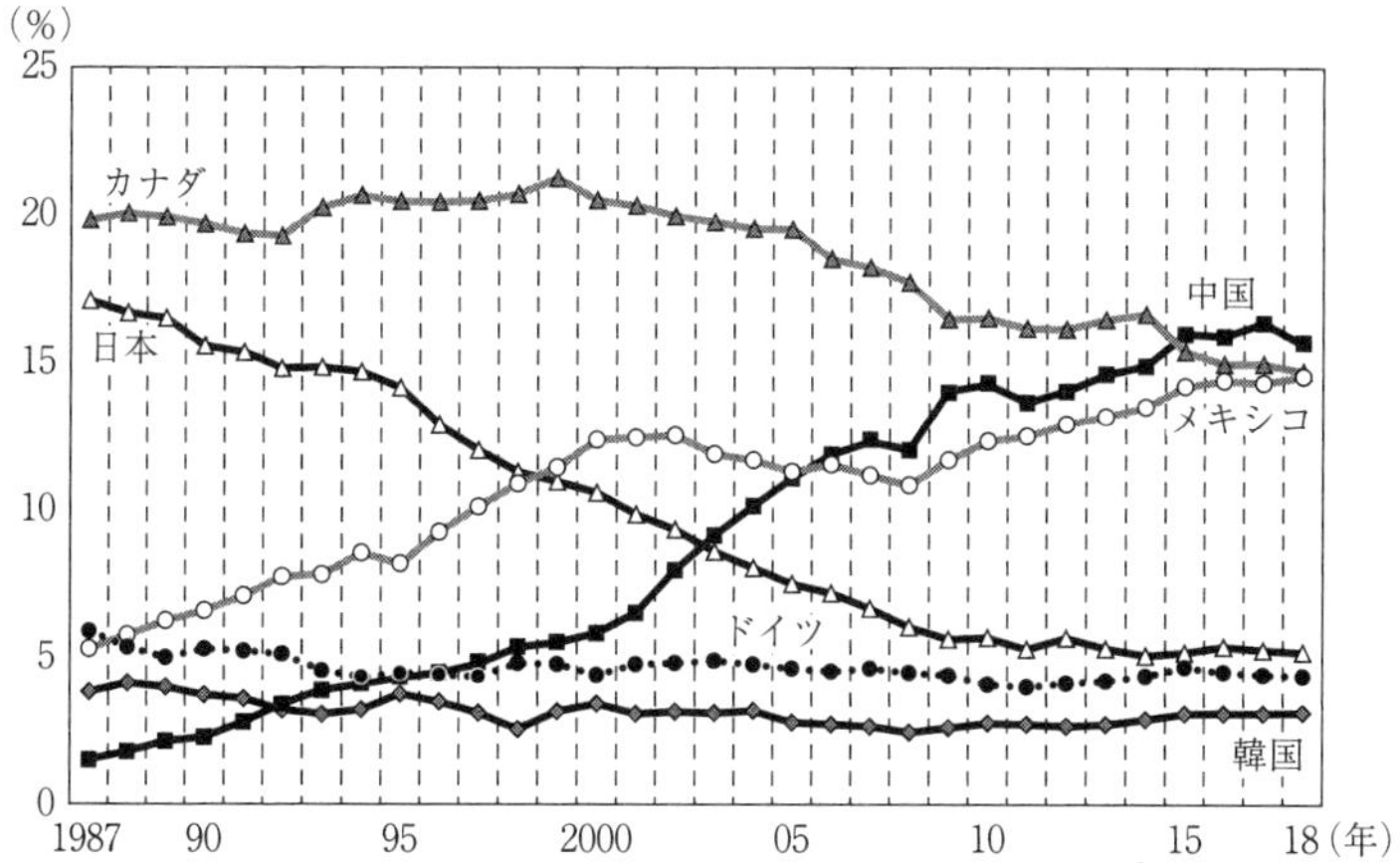

資料：U.S. Census Bureau

を逆説的に物語る事例と言えよう。

台頭する中国への米国の対抗

次に、米国の貿易総額に占める上位５カ国（２０１８年時点）のシェアが過去20年間にどう変化してきたかを見てみよう（図表５―４参照）。図から明らかなとおり、米国の貿易に占める中国の存在感は過去30年間で飛躍的に増大し、いまやシェア20％を超える最大の貿易相手国となっていることが目を引く。一方、日本は、中国とは対照的に米国との貿易においても過去30年の間でシェアを大きく下げてきた。

すなわち米国は、中国への経済依存が高まるなかで、中国に対する貿易摩擦を仕掛けたのである。この点、先に見たとおり昨今の日本と中国は、経済相互依存による対立抑止力を逆説的に証明するように、中国の日本に対する経済依存の低下と強硬姿勢の増加が進行してきた。しかし、米中関係においては逆のことが生じている。これはなぜだろうか。経済依存は、相手国への強硬姿勢を誘発するのだろうか。経済相互依存は米中対立を抑止しえないのであろうか。

2 経済相互依存下の米中対立——不安と疑心

経済相互依存下で紛争が起こる理由については諸説ある。コープランド（Copeland 2014）は、経済相互依存の紛争抑止力が有効なのは、貿易投資の将来利益に国家指導者が楽観的な場合のみであると主張する。さらにウォルツ（Waltz 1979）らに言わせれば、そもそも外国に対する経済依存の高まりは国家の安全を脅かす脆弱性の増大を意味するものとされ、安全保障を重視する政策決定者であれば、その脆弱性を下げる行動を採るという。

確かに、トランプ大統領の「米国に中国はいらない、いない方がまし」（2019年8月23日ツイッター発言）という言葉に見られるとおり、中国との経済関係の発展についての悲観的な見方や、あるいは、このまま中国への経済依存を深めていくことが米国にとって安全保障上の脆弱性を増大させることになるという不安は、昨今の米国国内には確実に存在するように思われる。

しかし、数ある貿易相手のなかで、特に将来を悲観し、あるいは脅威すら感じる相手とは、どういう相手なのだろうか。最大の貿易相手には常に脅威を感じるのだとすれば、主要貿易国同士で対立が絶えないはずだが、現実はそうではない。そこで本節では、米国が中国との経済相互依存に不安と疑心を抱くとすればいかなる理由によるかを考え、その行く末を展望してみたい。

新旧大国の覇権争い

第1の仮説は、既存大国と新興大国とは不可避的に覇権争いをするというものである。歴史家トゥキディデスが叙述したとおり、かつて古代ギリシャでも、覇権国スパルタと新興大国アテネとの間で長年にわたるペロポネソス戦争が勃発した。既存大国は、国際レジームの現状維持を望む一方、台頭する新興大国は既存レジームを自国により有利な形に変更しようとする結果、それぞれの立場をめぐって摩擦が起こり、最終的には全面的な争いに発展することがある。

グレアム・アリソン著『米中戦争前夜』（Allison 2017）によれば、過去500年間の覇権争い16事例のうち、20世紀初頭の英米関係や冷戦など4事例を除き、12事例は戦争に発展した。こうした新旧大国の覇権争いをアリソン教授は「トゥキディデスの罠」と呼ぶ。

もし、この仮説が米中に当てはまるならば、このたびの貿易戦争は、今後続く米中間の覇権争いの序章に過ぎないことになる。今次の貿易戦争は、中国の知財侵害を名目に発動されたものだが、実際、電気通信や情報技術（IT）といった分野の特許申請数では、中国が米国を抜き、世界1位になっている。今後の人工知能（AI）を中心とする第4次産業革命での覇権争い、中国の優位に対する米国の焦りといったものが、今回の貿易摩擦の背景の1つと度々指摘されてきた。

実際、トランプ政権下において、クリントン政権以来オバマ政権に至るまでの対中融和姿勢は明らかに変化してきている。２０１７年12月18日に発表された米国の新しい国家安全保障戦略では、中国を、米国に代わって国家主導側の経済モデルを拡大しようとする現状変更勢力と位置づけ、これに対抗する姿勢を鮮明に打ち出していた。

さらに２０１８年10月４日、マイク・ペンス副大統領が行った演説「Administration's Policy Toward China」は、経済摩擦にとどまらず、人権問題、外交問題、軍事問題を含む広範囲にわたって中国を痛烈に批判し、全面的な対決すら辞さない覚悟を示したような内容であった。

民主体制 vs. 非民主体制

第２の仮説は、経済相互依存が対立抑止効果を持つのは民主主義体制においてのみであるという考えだ。これは、民主主義が確立された国同士では、他の体制を採用する国との関係に比して戦争が起こりにくいとする、いわゆるデモクラティック・ピース論と深く関わる。

古くは18世紀のイマヌエル・カント『永久平和のために』やトマス・ペイン『コモン・センス』に思想的な源流を持つこの考えは、その後、ラセット（Russet 1993）やドイル（Doyle 1997）らによって実証的に検証されてきた。

彼らによれば、民主主義国の間では、①平和的解決を好む規範が共有されていること、②議会での政策決定過程の透明度が高く、海外からも理解しやすいため、相互不信が高まりにくいこと、③同じ価値観を共有する民主主義国は攻撃の大義名分を作りにくいこと——などを理由に、民主主義国同士では戦争などの全面対立は生じにくいとされる。

このデモクラティック・ピース論の裏を返すと、米国は非民主主義国たる中国に対して、①平和的解決を好む規範を共有しておらず、②中国の政策決定過程は不透明で不信が残り、③人権問題などで攻撃の大義名分を見いだしやすい——ということになる。

確かに、トランプ政権下で米国は、国家安全保障戦略やペンス副大統領演説にも表れていると おり、南シナ海や東シナ海における中国の勢力拡張を危険視し、中国が米国の価値観や利益に反する世界をつくろうとしていると指摘するとともに、その言論統制や宗教弾圧で多くの中国人民が抑圧されていることを問題として取り上げるようになった。

米国と中国が異なる政治体制の国であるということは、米中対立の直接的要因とは言えないが、少なくとも両国間の疑心を煽る要因ではあると言えよう。

米中の相互確証経済破壊

では、こうした不安と疑心のために、米国は中国と軍事衝突も辞さずに対立をエスカレートさせるのかと言えば、その可能性は高くないと筆者は考える。現在の米中は、深い経済相互依存関係で結ばれている。このため、軍事衝突による関係断絶となれば、お互いの経済に壊滅的なダメージを受ける可能性がある。

これは核兵器による相互抑止にも似た、いわば相互確証経済破壊の状況である。昨今の米中対立を「新冷戦」と呼ぶ向きがあるが、米ソ間の「旧冷戦」との最大の違いは、今回の大国間対立が深い経済相互依存の状況下で起きているという点である。

前掲のアリソン教授は、過去500年の新旧大国覇権争いのうち軍事衝突が回避された4つの事例に関し、その要因として以下の点を挙げている。

・ローマ教皇など超国家的権威の仲介【15世紀末　スペインとポルトガル】
・国連やEUなどの超国家的機構での協力【第2次世界大戦後　ドイツと英仏】
・文化的共通点【20世紀初頭　米英】
・核兵器による相互確証破壊の存在【冷戦期　米ソ】

同時にアリソン教授は、経済相互依存の衝突抑止効果も指摘している。

実際、米国と中国は、あくまで一時的な関税引き上げの応酬をしているだけであって、決して経済関係を断絶しているわけではない。ましてや軍事衝突に至ることは、自らの経済を破壊する行為となり、核戦争のリスクすら伴うものとなる。そう考えれば、米中対立は、軍事衝突には至らない5番目の新旧覇権争いになる可能性が高いと筆者は考える。

3　経済相互依存下の米中対立——外交的無遠慮と内政重視

他方、相互依存にある国同士では、互いに「対立が軍事衝突には発展しない」と予測し合うからこそ、より軽度な外交的対立や経済摩擦の発生には抑止がきかないという結果を生む可能性がある。

遠慮の欠如

ひと口に国家間の対立と言っても、その程度には、左の表にあるとおり差がある。経済相互依存関係にある国同士でも、互いに口頭や文書で非難し合うことはあるし、それが時には軍艦の移動などの武力誇示や経済関係の一部制限などの経済制裁を伴う場合もある。

しかし、その対立が軍事衝突まで至れば、それは自国民の生命身体を危険にさらすことになるばかりでなく、経済的にも不可逆的な犠牲が生じることになる。このため、相互依存が深ければ深いほど、互いに対立を軍事衝突以上へとエスカレートさせないように妥協を図ると予想される。そして、互いに低次の対立が高次の対立へとエスカレートしないと予想しあうのであれば、かえって外交上の非難・威嚇や経済制裁といった低次の対立を回避するインセンティブは低下することになる。

ひるがえって米中関係について見れば、両者は今や最大級の貿易相手国であり、深い経済相互依存関係で結ばれている。もしも両国が、第1の仮説として述べたとおり、アリソン教授の言う「トゥキディデスの罠」に陥り、全面的な紛争へと対立を深めることとなれば、それは軍事的ばかりにだけでなく、経済的にもおのおのに耐えがたい犠牲を強いるものとなる。

国家間対立の程度
第１段階：外交上の非難・威嚇
第２段階：武力の誇示や経済制裁の発動
第３段階：局地的な軍事衝突
第４段階：全面戦争

従って、ワシントンも北京も、両国の対立は軍事衝突以上へとエスカレートする前に妥協を図りあえると互いに予想している可能性が高い。そして、そうであればこそ、政府高官の演説や政策文書で互いに非難し合ったり、追加関税措置を相互に発動したりといった、比較的低次の対立はかえって回避されにくくなることも理解できる。米中関係の現状は、まさにこうした状況にあるものと筆者は考える（関山 2019）。

特定国からの輸入急増に対する脅威論

そして、相手国との対立が軍事衝突以上へとエスカレートしないと国家指導者が予測するならば、その国に対する外交政策は、相手国との良好な関係維持よりも国内受けの方を重視したものとなる可能性がある。

特に、経済相互依存の深化した2国間では、相手国からの輸入品との競争に敗れ、倒産や失業の憂き目にあった比較劣位産業の関係者が少なからず存在するはずである。あるいは、不況の直接的な原因が国際競争でない場合ですら、その相手国を不満のはけ口として批判する向きもあるかもしれない。

経済相互依存の相手国への不満を持つこうした国内世論に押され、政府が相手国への強硬姿勢を取ることは十分に考えられよう。ロゴウスキー（Rogowski 1989）などは、国際経済関係の変化が国内の社会的亀裂や利害構造に与える影響を指摘している。経済相互依存の深化が、国内情勢の変化を通じて、非協調的な対外政策につながる可能性があるのだ。

戦後、ある国からの輸入急増によってその国に対する脅威論が高まった事例は、今回の米中対立が初めてではない。かつて1980年代には、鉄鋼、自動車、カラーテレビなど米国の基幹産業に脅威を与える日本からの集中豪雨的輸出の結果、米国国内の対日感情はジャパン・バッシングと呼ばれるように悪化した。

日本からの集中豪雨的輸出は、同じころに中国でも反日感情を刺激し、1985年に発生した反日学生デモの遠因となった。当時、日本は中国への輸出を増やしていたものの、直接投資によって中国国内での生産を行おうとは必ずしもしていなかった。このため中国側では、日本はモノを売りつけるばかりで中国の雇用や技術向上には貢献せず、貿易を通じて経済侵略をしているという見方が広まっていたのである。ところが、時は流れて2000年代に入る頃になると、今度は日本国内の側で、台頭目覚ましい中国に対する脅威論が声高に叫ばれるようになった。歴史は繰り返すのである。

シェア20%超という類似点

では、ある国からの輸入がどの程度の水準に達すると、その国に対する国内世論の悪化を招くのだろうか。この点、米中、日米、日中の貿易データを比較すると、興味深い類似点が見えてくる。

図表5―5、6、7は、それぞれ米国、中国、日本の輸入総額に占める主要国・地域（2018年時点での上位5カ国）のシェアの変化を示している。米国で日本脅威論が叫ばれた1980

図表5－5　米国の輸入総額に占める主要国シェアの推移

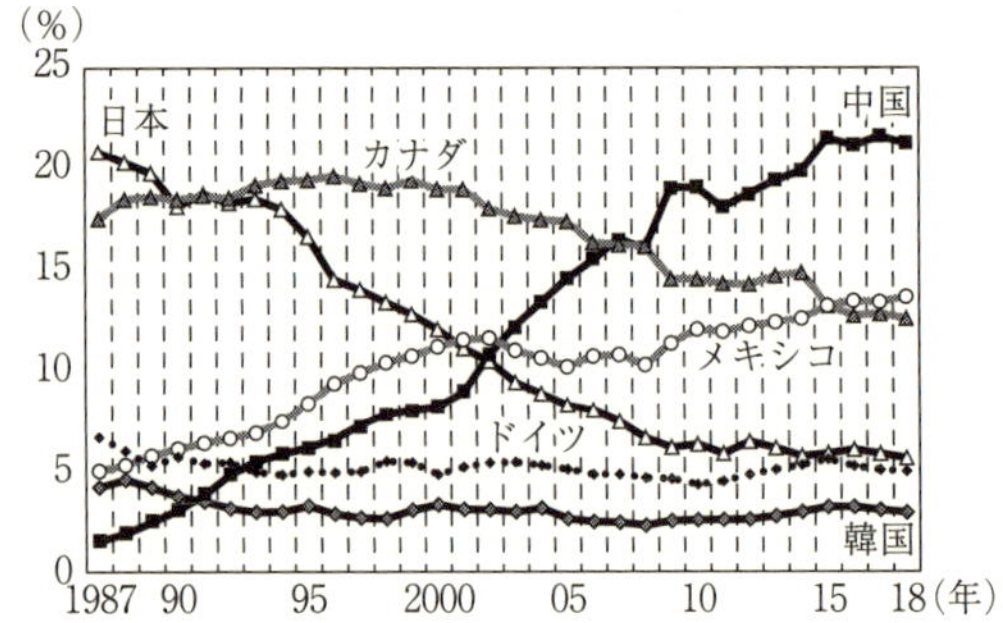

資料：U.S. Census Bureau

図表5－6　中国の輸入総額に占める主要国シェアの推移

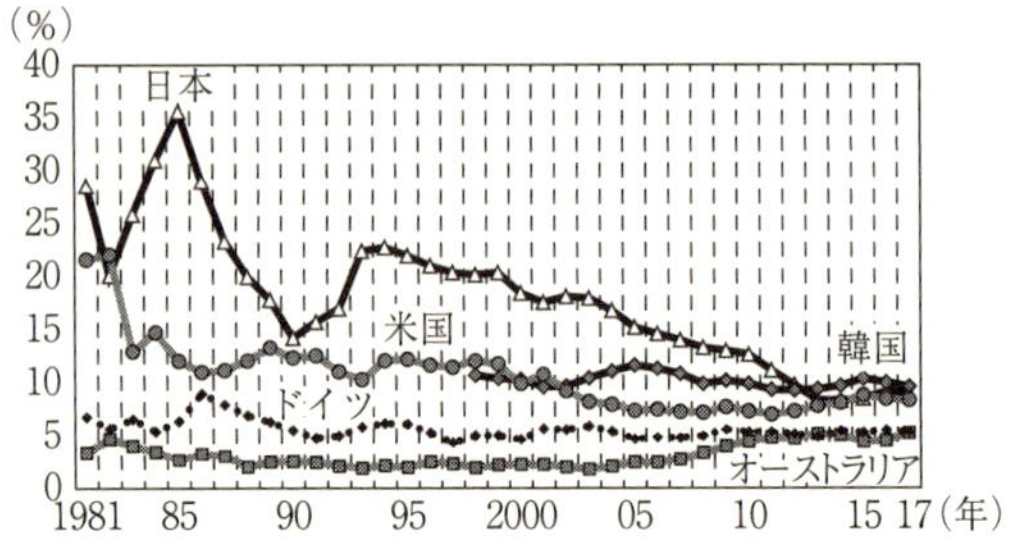

資料：中国統計局

図表5－7　日本の輸入総額に占める主要国・地域シェアの推移

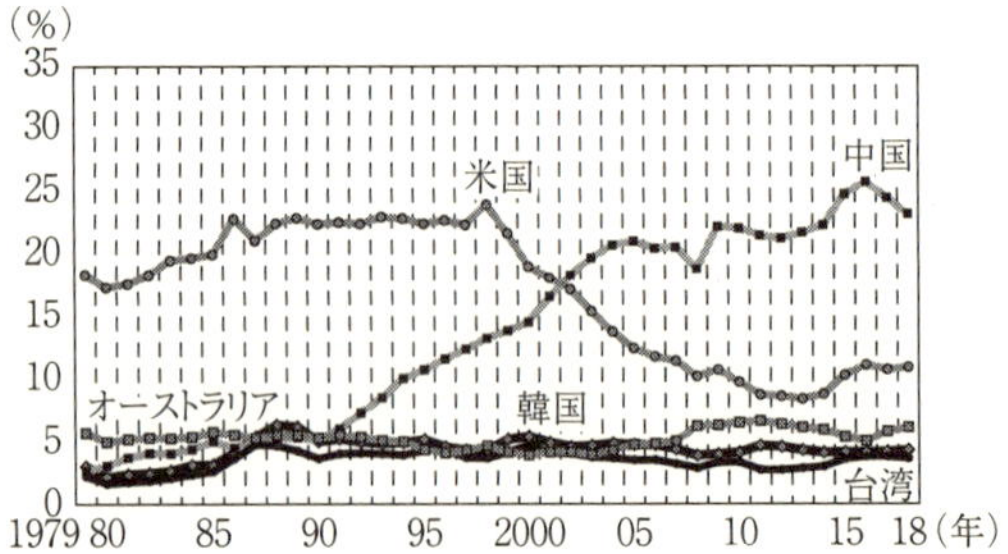

資料：財務省

年代は、その輸入総額に占める日本のシェアが20％を超えた時期であった。中国で1985年に反日学生デモが発生した時期にも、中国の輸入総額に占める日本のシェアは20％を大きく超え、35％程度まで上昇していた。さらに日本で中国脅威論が叫ばれた2000年頃も、ちょうど日本の対中国輸入依存度が20％を超えた時期であった。

同様に、中国との貿易摩擦を抱える現在の米国では、輸入総額に占める中国の割合がちょうど20％を超えたところなのである。

このように、米中、日米、日中の事例では、輸入総額に占める相手国のシェアが20％を超えると、その国に対する国内世論の悪化が生じている。なお、日本にとっての米国や、米国にとってのカナダのように、輸入依存度が20％を超える水準でも、輸出依存度がそれを上回る場合には脅威論は出ないようである。

比較劣位産業からの突き上げ

国際経済学の標準的な貿易理論では、デービッド・リカードド以来、各国が比較優位のある産業に特化し、自由貿易をすれば互いに利益を得ることができると考えられている。この理論では、労働力や資本などの生産要素が比較劣位の産業から比較優位の産業へと速やかに移動することが前提となっている。

しかし現実には、労働力の移動はそれほど容易ではない。例えば、長年農業に従事してきた者が、外国からの安価な輸入品との競争に負けて廃業寸前になったからといって、すぐさま金融業界へ転職することは難しいし、また、住み慣れた町を離れて家族とともに遠く離れた場所に引っ越すのも転職の障害となる。労働力の移動は、標準的な貿易理論が想定するほどスムーズではなく、多くは自由貿易の結果として収入減、失業、廃業といった憂き目を見ることになる。

それでも、標準的な貿易理論では、国全体の経済で見れば自由貿易による利益が損失を上回ることが強調されるが、政治的には、むしろ自由貿易によって憂き目を見ることになった比較劣位産業関係者の存在こそ重要である。彼らは、選挙やロビーイングなどを通じて、自分たちに憂き目を遭わせた相手国への報復を主張することができる。また、そうした元労働者の票を期待する政治家の側が、報復的な政策を自らアピールすることもあろう。

こうして、相手国からの輸入品との競争に敗れた比較劣位産業の関係者は、選挙などを通じて、自国政府を相手国への強硬姿勢へと動かすというシナリオが予想される。

デイビッド・オーターらの研究（Autor, Dorn & Hanson 2013）によれば、米国では、中国からの輸入品との競争にさらされた地域において、失業率の上昇、労働参加率の低下、賃金の低下、障害者手当などの受給率上昇といった影響が確認されている。

彼らの推計によれば、1990年から2007年までの間に、中国との貿易競争によって米国の製造業では、大卒者、非大卒者あわせて150万人以上の雇用が失われた。そうした労働者はほとんど他の街に移り住むことはなく、大半が地元にとどまり、その約4分の1が失業者として街にあふれるとともに、残りの約4分の3は職探しすらしなくなった。

さらに、製造業の衰退した地域では、非製造業でも雇用が減少することになり、特に物流、建設、小売りなどの非製造業分野に従事していた非大卒者を中心に職を失った。その結果、1990年から2007年の間に米国では、主に中国からの輸入が労働者1人当たり1000ドル増えると、その地域の就業率が大卒者で0・42ポイント、非大卒者で1・11ポイント減少するという影響が観察された。

こうした中国からの輸入増に起因する米国の就業率の低下は、幅広い年齢層で見られ、壮年層（50—64歳）では失業者の84％、中年層（35—49歳）では71％、若年層（16—34歳）でも失業者の68％が、中国からの輸入増が原因で職を失ったと推計されている。

相手国からの輸入品との競争に敗れた比較劣位産業の関係者が自国政府を相手国への強硬姿勢へと動かすという考え方は、国際政治学における従来の相互依存研究ではあまり指摘されてこなかった。しかし、現状の米中貿易戦争の背景としてのみならず、かつての日米貿易摩擦や日本での中国脅威論の背景としても指摘できるのである。

4　第1次世界大戦前の欧州との比較

「大いなる幻想」の真実

ここまで見てきたとおり米中は、新旧大国の覇権争いや異なる体制間の疑心暗鬼といった対立の種を抱えつつも、核兵器と経済相互依存が軍事衝突のリスクを抑え、結果として外交経済面での対立が激しさを増している状態と言える。

では、経済相互依存は本当に米中軍事衝突の抑止力たり得るのであろうか。米中間の外交経済上の対立が、やがて軍事衝突まで発展することはないのだろうか。

経済相互依存の戦争抑止力を議論する時、必ず引き合いに出されるのが、第1次世界大戦の事例である。19世紀の欧州各国では、今日の国際社会を上回るほど経済相互依存が深まっていたにもかかわらず、戦争を始めたのである。

そうした状況で、当時の英国人著述家ノーマン・エンジェルは、その著書『大いなる幻想』(Angell 1910) に、戦争は無意味なものになったと書いた。経済相互依存下では、相手国の領土を奪ってもかつてのように豊かにはなれないため、国を繁栄させるための戦争はもはや幻想であるという主張だ。ところが、その後の第1次世界大戦の勃発によって、このエンジェルの主張こそが「大いなる幻想」だったと揶揄されてしまった。

第1次世界大戦の引き金は暗殺という偶発的な事件だったが、構造的な原因があった。覇権国家だった英国の力が低下するなか、ドイツが台頭して覇権争いが生じていた。折からの経済不況のために不満を溜める国内の関心を外に向ける内政的な思惑もあった。こうした点は、今日の米中対立との類似性を否定できない。

しかし、欧州各国は、本当に経済相互依存が深まるなか第1次世界大戦に突入したのであろうか。第1次世界大戦は、経済相互依存に戦争抑止力がないことを証明する事例なのだろうか。

経済デカップリングこそ危険

当時の貿易データを分析してみると、第1次世界大戦で争った連合国の中心メンバー英仏露と同盟国の中心メンバーであるドイツ・オーストリアとの間は、必ずしも強い経済相互依存で結ばれていたとは言い難い状況であったことが分かる。

図表5―8、9、10は、それぞれドイツ、英国、フランスの貿易総額に占めるシェアの推移を1861年から第1次世界大戦勃発前年の1913年までグラフ化したものである。図表から明らかなとおり、ドイツから見ると、英国を中心とする連合国側への依存度は長期的に低下していた。英国にとっては、ドイツもオーストリア・ハンガリーも取るに足らない貿易相手であった。フランスにとっても、英国およびロシアとの貿易はドイツおよびオーストリア・ハンガリーの合計を大きく上回っていた。

すなわち、連合国グループと同盟国グループの間には、経済的結びつきの温度差があったのだ。特にドイツは、もともと英国に対して貿易総額の30％を超えるほど依存していたが、その後、相互依存関係が希薄化している。その結果、ドイツにとって英国との軍事衝突は、経済相互確証破壊による抑止の効果が減じたのだと言える。

上述のとおり、第1次世界大戦前の欧州から得られる示唆は、経済相互依存に戦争抑止効果がないということではない。経済相互依存関係が希薄だと、戦争の勃発を抑止できないということを、欧州の歴史は我々に教える。

図表5-8　ドイツの貿易総額に占めるシェアの変化（1861―1913年）

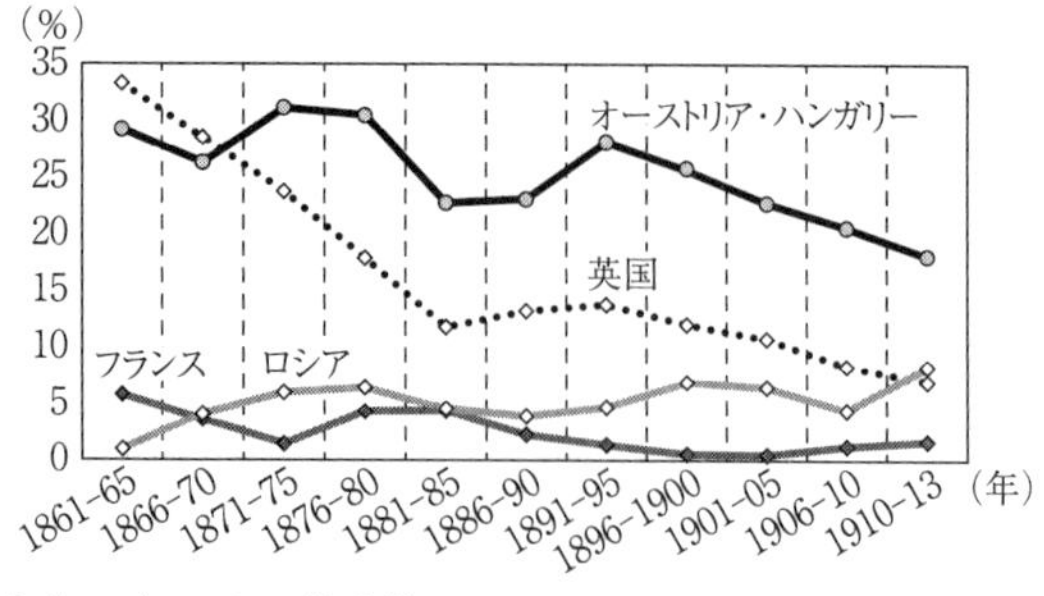

資料：明石（1990）による推定値

図表5-9　英国の貿易総額に占めるシェアの変化（1861―1913年）

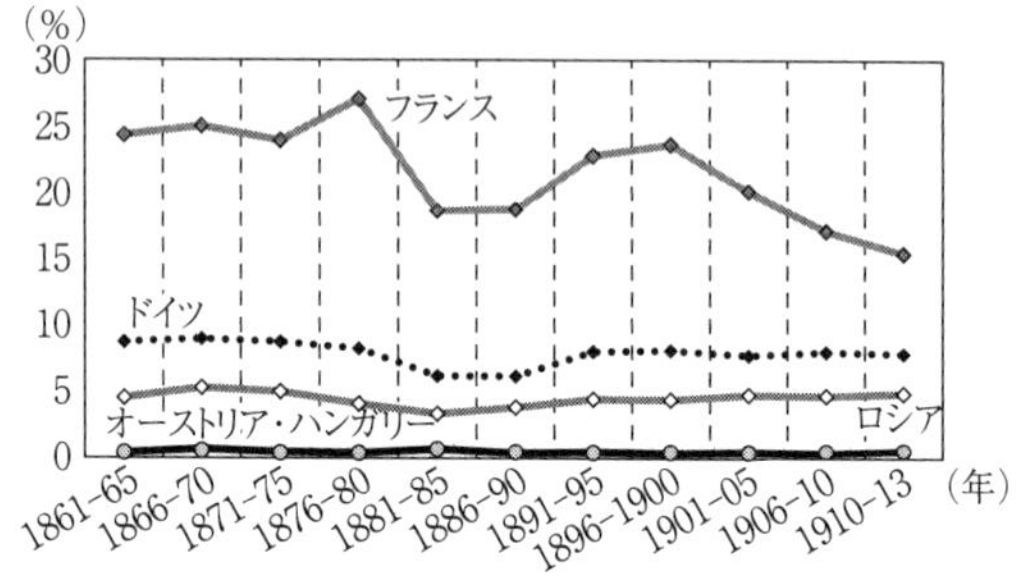

資料：明石（1990）による推定値

図表5-10　フランスの貿易総額に占めるシェアの変化（1861―1913年）

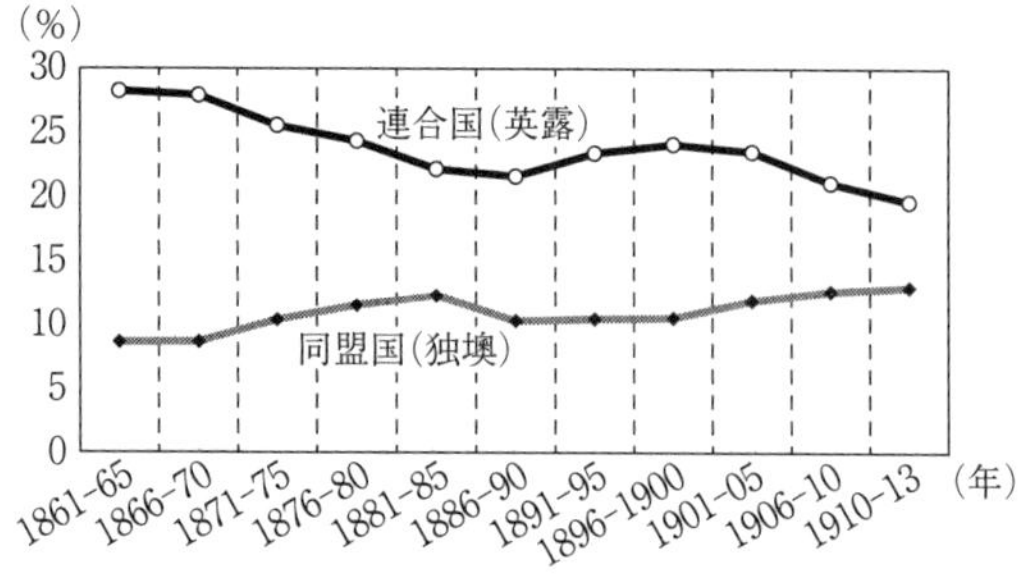

資料：明石（1990）による推定値

この点、現在の米国国内で、中国との経済デカップリング（分断）を主張する向きがあることは憂慮すべきことだ。例えばピーター・ナバロ大統領補佐官（通商担当）やロバート・ライトハイザー通商代表部（ＵＳＴＲ）代表といった通商タカ派と呼ばれる政府高官は、米中経済のデカップリングを狙っていると見る向きがある。中国の技術的優位の獲得を阻止し、中国への経済依存による米国の脆弱性を打破しようとしているのではないかというのである。

しかし、そうした主張に沿って、本当に米中経済デカップリングが進めば、両国間の経済相互依存が希薄化し、第1次世界大戦前夜の英独に似た状況に近づいてしまうのである。

5　経済相互依存関係維持への期待と日本の対応

一国の対外政策ないしその合成による2国間関係は、国際情勢、国内情勢、政策決定過程、政策決定者などを含む様々な要因に左右される。経済相互依存も、その1つである。むしろ、長期にわたって変化が生じにくい地政学的な位置関係や、逆に一夜にして政策方針の変更につながる政策決定者の交代といった要因に比べて、経済相互依存は5年、10年といった中期的な時間軸での大まかな傾向を捉えるうえで参考になる。

米国は、中国という異なる政治体制を持つ台頭目覚ましい大国への不安と不満を溜める一方、経済相互依存による経済相互確証破壊が核兵器とともに軍事衝突のリスクを抑止していると期待される。しかし、対立が軍事衝突に発展する可能性が低いと米中の指導者が互いに予測しあうがゆえに、結果として外交経済面での対立が激しさを増している状態なのだと考えられる。

懸念されるのは、米中間の外交経済上の対立が両国経済のデカップリングにつながるシナリオだ。第1次世界大戦前の欧州の歴史は、経済相互依存関係が希薄だと戦争の勃発を抑止できないということを我々に教える。したがって、米中貿易不均衡是正が必要なら、米国にはデカップリングではなく、中国の投資を受け入れ、輸入を減らす努力を求めたい。中国にも、対米輸入の増加を望みたい。さもなければ、世界は再び大戦の惨禍という同じ過ちを繰り返しかねない。

最後に、米中経済デカップリングの可能性を踏まえ、日本に求められる対応に触れて本章を終えたい。日本にとっては、米国と中国は第1位、第2位の貿易相手国であり、そのいずれとの経済関係も断ちがたい。米中経済のデカップリングが進む場合、日本だけが両国との依存関係を維持すれば政治外交的には板挟みとなるリスクがある。ましてや米中間の軍事衝突ともなれば、中国の鼻先に米軍基地を抱える日本も巻き込まれかねない。

米中対立を回避するため、日本としては、米中が今後も経済相互依存関係を維持するよう仕向けていく外交努力が望まれる。例えば、環太平洋経済連携協定（ＴＰＰ）に米中がそろって参加するよう働きかけていくことは、日本の利益と世界の安定に寄与するだろう。

一方で、日本がいかに外交努力を重ねても米中対立を止める力はない以上、米中経済デカップリングが進んでしまう場合に備えたシミュレーションも必要だ。外交的には、米国側に味方するだけでよいのか。企業のサプライチェーンは、今後どう調整していけばよいのか。日本政府も日本企業も、転ばぬ先の杖を持っておきたい。

【本章のポイント】

- 米中は覇権争いなどの対立の種を抱える一方、経済相互依存が核兵器とともに軍事衝突のリスクを抑止する。しかし、外交経済上の対立が軍事衝突に発展しないと互いに予測するがゆえに、国家指導者は相手国との良好な関係より国内世論を重視し、結果として外交経済面の対立が激しさを増している状態だ。
- 昨今の米中関係や、かつての日米関係や日中関係を見ると、輸入総額に占める相手国のシェアが20%を超える水準になると、その相手国に対する脅威論が国内で高まる傾向がある（章扉データ参照）。
- 第1次世界大戦前の欧州から得られる示唆は、経済相互依存に戦争抑止効果がないということではなく、経済相互依存が希薄な国の間では戦争の勃発を抑止できないということだ。従って、米中には経済分断ではなく、経済相互依存の強化を期待する。日本は米中が今後も経済相互依存関係を維持するよう仕向ける外交努力とともに、米中分断に備えた官民のシミュレーションが必要だ。

【参考文献】

（和文）

明石茂生（１９９０）「19世紀世界貿易の推移 １８２０―１９１３――暫定的推定」『成城大学経済研究』（１１０）成城大学

財務省『貿易統計』

関山健（２０１９）「米中貿易戦争の展望――なぜ経済相互依存の米中が対立するのか」『安全保障研究』１―１巻、鹿島平和研究所

防衛省『防衛白書』

（英文）

Bruce Russett（1993）*Grasping the Democratic Peace*. Princeton University Press.

Dale Copeland（2014）*Economic Interdependence and War*. Princeton University Press.

David Autor, David Dorn, and Gordon Hanson（2013）"The China Syndrome: Local Labor Market Effects of Import Competition in the United States" *American Economic Review* 103（6）

Graham Allison（1971）*Essence of Decision: Explaining the Cuban Missile Crisis*. Little, Brown and Company

Graham Allison（2017）Destined for War: Can America and China Escape Thucydides's Trap? Houghton Mifflin Harcourt（藤原朝子訳『米中戦争前夜――新旧大国を衝突させる歴史の法則と回避のシナリオ』、ダイヤモンド社）

James Rosenau（1966）"Pre-theories and Theories of Foreign Policy" in R.B. Farrell, ed., *Approach to Comparative and International Politics*. Northwestern University Press

Kenneth Waltz（1979）*Theory of International Politics*. Addison Wesley

Michael Doyle（1997）*Ways of War and Peace*. Norton

Norman Angell（1910）*The Great Illusion—A Study of the Relation of Military Power to National Advantage*. The Knickerbocker Press

Robert Jervis (1970) *The Logic of Images in International Relations*. Princeton University Press.
Ronald Rogowski (1989) *Commerce and Coalitions: How Trade Affects Domestic Political Alignments*. Princeton University Press
Snyder, H. W. Bruck and Burton Sapin ed. (1962) *Foreign Policy decision-Making*. Free press.
Solomon Polachek (1980) "Conflict and trade" *Journal of Conflict Resolution*, 24.
U.S. Census Bureau. *Foreign Trade*
(中国語)
中国国家統計局編『中国統計年鑑』

第 6 章

米中のサイバー空間の覇権争い
サプライチェーン・リスクと海底ケーブル

土屋 大洋（慶応義塾大学教授、日本経済新聞社客員論説委員）

海底ケーブル製造実績（2014―2018年）

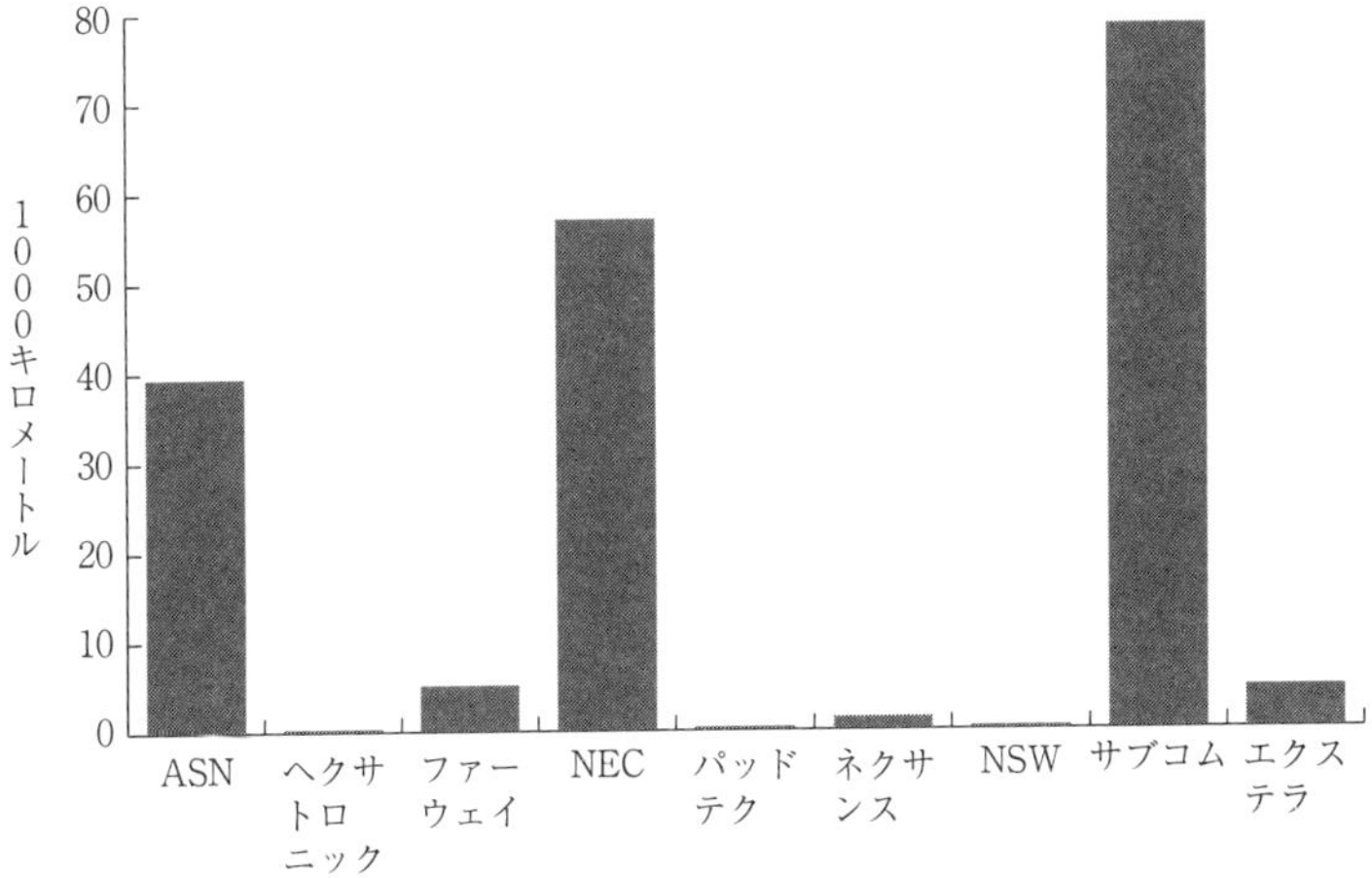

資料：STF Analytics (2019a), p.16. をもとに作成

1　サイバー空間の3D化

人々をエンパワーし、自由な活動を支援すると期待されていたサイバー空間は「3D」化している。つまり、深く（Deeper）、暗く（Darker）、汚く（Dirtier）なってきている。

「深く」とは、一般には開放されないスペースが大きくなり、特定の権限や技能がないとアクセスできない領域が増えているという意味である。「暗く」とは、一般のユーザーには見えにくい場所に情報が秘匿され、そもそも情報が存在することすら分からなくなっていることを指している。そして、「汚く」とは、不法行為、あるいはそれに至らないまでも害悪を及ぼしかねない活動が増えていることを指している。検索エンジンで到達しやすい表層ウェブ（Surface Web）に対して、深いウェブ（Deep Web）、暗いウェブ（Dark Web）といわれる領域が増えてきている。

あらゆるモノがネットにつながるＩｏＴ（Internet of Things）機器の増加は、多様な目的での情報技術（ＩＴ）の利用拡大を示す一方で、不適切に管理・運用される機器の増加ももたらし、それがサイバー犯罪などの悪用を可能にしている。ソーシャル・メディアの普及・拡大もまた、悪用の隠れみのになっている側面がある。

そうしたなかで、米国のドナルド・トランプ（Donald Trump）政権は、中国に対する批判を強め、特に2018年以降は、米中の貿易摩擦と並行して、技術摩擦といわれる状況も出てきている。本章では、米中のサイバー空間の覇権争いについて海底ケーブルを題材に検討したい。

2　技術覇権とネットワーク覇権

踏襲される技術覇権争いのパターン

ある国が突然、技術大国として台頭するわけではないと論じたのが、薬師寺泰蔵の『テクノヘゲモニー』である（薬師寺 1989）。技術新興国は技術先進国から学ぼうとする。たいていはその模倣から始める。その模倣は単なるデッドコピーから始まるかもしれない。いや、最初はデッドコピーにもならない陳腐な模倣から始まるだろう。

しかし、やがて新興国と先進国の間での競争が熾烈になり、新興国は苦し紛れに何かを加えるのに対し、先進国はこれまでの勝ちパターンに固執する。その結果、模倣がオリジナルを超える場合が出てくる。薬師寺はこれをエミュレーションと呼んだ。それは「模倣＋α」であり、「α」とは競争と外部性だという。

英国が産業革命を通じて先進工業国になったのは衆知の通りだが、英国が技術の出発点としたのはオランダにいたキリスト教の新教徒たちが持っていた技術であった。欧州大陸で迫害された新教徒たちは英国に逃れてくる。そこで新たな技術が英国に伝わり、それを模倣・吸収し、産業革命の各種技術を加えることで英国は長い技術覇権の時代を作った。

これに挑戦したのが化学技術に秀でたドイツだったが、2つの世界大戦で敗北した。英国の技術とともにドイツの化学技術やロケット技術を吸収したのが、第2次世界大戦後の米国だった。米国はそこに大量生産技術を加えることで、技術覇権国へのし上がった。

しかし、技術覇権国は、追いつき、追い抜かそうとする新興国を、あるときから徹底的に叩く。ドイツの台頭に対して英国は戦争をもって応えた。第2次世界大戦後、日本はカンバン方式や高品質技術によって米国の技術覇権に肉薄するが、米国は1970年代後半以降の日米経済摩擦によって徹底的に日本をたたき、日本から米国への直接投資を促すことで、日本の技術覇権を抑えた。一時は隆盛を誇った日本の半導体技術は、さらにその後から追いかけてきた韓国や台湾に市場を奪われてしまう。

米国と中国もまたこうした技術覇権をめぐる争いのパターンを踏襲しつつある。中国がまだ貧しかった頃、米国は鷹揚な態度で技術を中国に供与した。ソ連に対抗するためにも中国を引きつけておく必要があり、やがて中国が民主化することを期待していたからである。中国もまた才能を隠して力を蓄える「韜光養晦《とうこうようかい》」の態度をとり、最初はソ連、その後は米国や日本からの技術を熱心に取り入れた。

2000年に中国が世界貿易機関（WTO）に加盟する頃には、中国が経済的に資本主義のルールを尊重し、政治的には民主化を進めると期待されたが、実際には拡大する経済で手に入れた利潤を軍事的な拡張に用い、徐々に米国との対決色を強めてきた。２００８年のいわゆるリーマン・ショックによって米国経済が立ち往生すると、中国は米国への対抗心を隠さなくなった（ピルズベリー ２０１５）。

中国版ネットワーク覇権への挑戦

江沢民時代、それに続く胡錦涛時代において中国は、ＩＴ産業への投資を熱心に進めた。その過程においては、中国企業による米国企業の猛烈な模倣が行われた。１９９０年代、米国政府は執拗に日本市場の開放を求めたが、２０００年代の中国政府は頑なに中国市場を閉ざした。中国市場に進出する場合には、中国企業との合弁企業を作らなくてはならなかったり、技術供与を強制されたりした。

米グーグルの中国代表（グーグルは後に中国市場から撤退）を務めた李開復は『ＡＩ世界秩序（*AI Superpowers*）』において、中国企業が米国企業を模倣しただけでなく、中国企業同士でも猛烈な模倣が行われ、激しい競争が行われていたことを論じている（Lee 2018）。

知的財産権の意識が薄かったために模倣は当然とされ、競争に生き残るためには必然的に競争と外部性に優れた企業しか残らない。その結果として残ったのが、中国版プラットフォーマーのＢＡＴ（百度＝バイドゥ、アリババ集団、騰訊控股＝テンセント）やハードウェア大手のファーウェイ（華為技術）を加えたＢＡＴＨといった中国企業である。ＢＡＴを中心に中国企業は、人工知能（ＡＩ）の研究開発に力を入れている。中国の強みは、巨大な人口ベースを基にビッグデータを取得・活用しやすい点である[1]。

しかし、２０１６年にトランプ政権が成立すると、米国による中国たたきが本格化する。中国からの輸入品に大幅な関税を課すとともに、特にファーウェイを中心とする中国企業を狙い撃ちにした制裁が行われた。

中国が進める一帯一路構想は、陸路と海路によるネットワークの構築である。しかし、そこに第3の道としてサイバー空間が加わる。「デジタル・シルクロード」とも言われるが、中国のような閉鎖的で為政者が監視しやすいサイバー空間関連技術を輸出している。これは、中国版のネットワーク・ヘゲモニーへの挑戦と考えることもできる（土屋　２００７）。

19世紀後半の大英帝国は植民地を中心とした自由貿易圏を作り、それをロイヤル・ネイビー（海軍）と電信のネットワークによって補完した。20世紀後半の米国は、関税および貿易に関する一般協定（ＧＡＴＴ）／世界貿易機関（ＷＴＯ）体制によって自由貿易を推進し、世界に展開する米軍とインターネットによって補完した。

物流のネットワークと情報通信のネットワークを組み合わせることをネットワーク・ヘゲモニーと呼ぶとすれば、中国の一帯一路とデジタル・シルクロードはそれになるのだろうか。中国は覇権を求めないとしているが、エミュレーションによって技術的な優位を獲得し、ネットワークを広げる意図があるとすれば、覇権国としての米国はそうした中国の野心を猛烈にたたき、抑制することになる。２０１８年以降の米中摩擦は、長期的にはそうした米中の覇権争いと見ることができる。

3　サイバー工作活動とサプライチェーン・リスク

物質的破壊も可能なサイバー工作活動

サイバーセキュリティの世界では、通例、防衛（CND：Computer Network Defense）、攻撃（CNA：Computer Network Attack）、工作活動（CNE：Computer Network Exploitation）という3つの言い方をする。防衛と攻撃は分かりやすいが、実際、ほとんどのサイバーセキュリティ事案は工作活動の範疇にある。

CNEはいわばグレーゾーンであり、国際法においても瞬時に合法か違法か判断がつかなかったり、そもそも誰がいつ、どのように行ったのかも分かりにくかったりする事例であり、瞬時に対応ができないものである。

（1）ただし、中国市場が閉鎖的であり、中国企業が中国の外でサービスを十分に提供できていない現状では、中国企業や中国政府がアクセスできるビッグデータは中国人を中心とした偏ったデータである点に留意する必要があるだろう。

例えば、冷戦の最中の1980年代初め、ソ連のウラジミール・ベトロフ（Vladimir Vetrov）大佐（コードネーム「フェアウェル（Farewell）」）がフランス政府に情報をもたらした。フランス政府はこれを米国政府と共有した。フェアウェル文書（Farewell Dossier）を見た米中央情報局（ＣＩＡ）は、多数のソ連のスパイが米国政府内に潜入していることに気がついた。さらに、ソ連の国家保安委員会（ＫＧＢ）が作成した「ショッピングリスト」にも気がつく。ソ連が西側から取得しようと考えていた情報や物品のリストである。

リストを見た米国家安全保障会議（ＮＳＣ）のガス・ワイス（Gus W. Weiss）は、一計を案じ、リストにあったガス・パイプラインの制御ソフトウェアを提供することにした。当時、ソ連はシベリアで天然ガスの開発を行っており、それを西部へ送るためにパイプラインを使っていた。ソフトウェアは、カナダの企業からソ連によって盗まれ、それをソ連がガス・パイプラインのシステムにインストールしたところ、シベリアで大爆発が起きた。ワイスが提供したソフトウェアは意図的に不具合が発生するようになっており、正規のソフトウェアを盗んだと勘違いしたソ連がワイスの計略に引っかかったためである（Reed 2005）。

おそらくこれは、史上初めての物理的な破壊を伴うサイバー攻撃であろう。そして、各種のシステムのなかに不正なソフトウェアやハードウェアが仕込まれていれば、大変な惨事になるという意味でも、サプライチェーン・リスクの先駆的な事例である。

２００７年3月、米国の国土安全保障省（ＤＨＳ）は、オーロラ発電機テスト（Aurora Generator Test）と呼ばれる秘密実験を行った。船舶用の大きな発電機を実験設備に持ち込み、それを制御するコンピュータのソフトウェアに21行書き足し、ベントを不正に操作することで何が起きるのかを試した。数分の間に数回の衝撃が見られた後、発電機は黒い煙を吐き出し、故障した。実験後に分解して検証したところ、発電機のすべての部品が壊れていることが分かった。

この実験もまた、ソフトウェアに細工することによって物理的な破壊が可能であることを確かめた事例となった。

サプライチェーン・リスクの深刻化

２０１８年10月、米国メディアのブルームバーグ・ビジネスウィークが、エレメンタル（Elemental）という米国企業が販売したサーバーのなかで、本来入っているはずのない極小チップが発見されたと報じた（Robertson and Riley 2018）。サーバーはアップルやアマゾンといった企業で使われており、そこからデータが第三者に漏洩していたのではないかと疑われている。アマゾンはクラウド・サービスであるアマゾン・ウェブ・サービス（ＡＷＳ）でそのサーバーを大量に使っており、ＡＷＳの顧客にはＣＩＡ、米海軍、国防総省が含まれており、そうした顧客のデータが狙われた可能性がある。

エレメンタルのサーバーに基板を提供したのは、スーパーマイクロ（Supermicro）という米西海岸サンディエゴの企業だった。スーパーマイクロは台湾人が起業した会社で、大陸側の中国人も従業員として雇っており、会社内で交わされるのは北京語だったという。したがって、漏洩したデータが中国企業ないし中国政府に送られたのではないかと疑われている(2)。

こうした報道が積み重なっているなか、2018年12月、ファーウェイの最高財務責任者（CFO）で創業者の任正非の娘である孟晩舟が、カナダで逮捕された。容疑はイランへの経済制裁違反で、米国政府からの要請によってカナダ政府が逮捕した。イラン関連の容疑だったが、米中間の技術摩擦に結びつけて考える人が多い。中国政府は即時釈放を要求し、米国政府は米国への移送を求めたが、2019年12月現在、孟はカナダにとどめおかれたままである。

ファーウェイが疑われているのは、製造段階で不正な部品やソフトウェアのプログラムをファーウェイが仕込んでおり、ユーザーのデータを勝手に取り出し、中国政府に渡すのではないかということである。マイク・ペンス（Mike Pence）米副大統領は「中国の法律で巨大な保安組織にデータを提供するよう要求されている」と指摘している（United States White House 2019）。楊潔篪・中国共産党中央外事工作領導弁公室主任は「企業にバックドアを仕組んだり情報を集めたりするよう求める法律は中国にはない」と発言しているが（CGTN 2019）、中国の国家動員法や国家情報法、サイバーセキュリティ法を見れば、米国による嫌疑にも一理ある。また、米国政府は、米国内にいる中国人たちに中国政府が近づき、情報提供を求めていることも傍証として挙げている。

サプライチェーン・リスクには2つのタイプがある。第1に、製造段階で何かが組み込まれるタイプ、第2に、配送途中で抜き取られて仕込まれるタイプである。米国政府は、公式には認めていないものの、第2のタイプのサプライチェーン攻撃を行っているとみられている。しかし、このタイプは、標的を特定し、安全保障ないし外交目的で行うものである。ファーウェイや中国政府が疑われているのは、第1のタイプは、製造段階で埋め込まれるので、無差別であり、すべてのユーザーが対象になり得る。まして、それが経済目的で行われるのならルール違反だというのが、米国政府の主張である。

中国では軍事技術と民生技術を融合させる「軍民融合」やハイテク産業育成策「中国製造2025」といった言葉が使われ、軍事技術と民生技術を融合させながら中国の製造能力を2025年までに世界トップレベルに引き上げることが目標とされている。2018年にトランプ政権との技術摩擦が強くなるにつれ、そうした政策についての言及は姿を消すが、政策目標が取り下げられたと考える人は少ない。

4　作戦領域の変化とネットワークをめぐる争い

作戦領域の変化

軍事的に見たとき、こうした変化は作戦領域（operational domain）の変化と考えることがで

（2）　ブルームバーグの報道には懐疑的な声もあるが、ブルームバーグは米国政府および米国企業の17名から証言を得ているとして報道を取り消していない。

きる。従来の作戦領域は陸、海、空とされてきたが、２０１０年の米国防総省の「4年に1度の国防計画見直し（ＱＤＲ）」において、第4の作戦空間として宇宙、第5の作戦空間としてサイバー空間が取り上げられたことで、サイバー空間は新たな作戦領域として認知されるようになってきた（United States Department of Defense 2010）。

しかし、サイバー空間は、陸、海、空、宇宙のような自然領域ではなく、人工領域である。突き詰めていけば、サイバー空間は端末と通信チャンネルと記憶装置の集積でしかない。インターネットは雲（クラウド）のようなものであるといわれ、クラウド・サービスも流行しているが、そうしたクラウド・サービスの実態は、物理的に存在するデータ・センターのなかのサーバーと呼ばれる機材である。

サイバー空間を物理的な存在として考えると、サイバー空間は、直接インターネットにつながらないところで拡張し、我々の生活や業務を支える存在だと見なすことができる。モノのインターネット（ＩｏＴ）とよく言われるが、重要インフラストラクチャのシステムは、ほとんどインターネットにつながらない設計になっている。インターネットにつながっていると、それだけ外部からの攻撃に脆弱になるからである。無論、つながっていないからといって安全だとは言い切れない。人間が介在したり、電磁波による攻撃があったりすれば、完全に守ることは難しい。

我々の生活は、インターネットだけではなく、インターネットに直接は接続されていないものの、同様の技術を使ったサイバー空間によっても制御されるようになっている。例えば、道路の信号機を制御するためにコンピュータやケーブルが使われている。インターネットに直接はつながっていない制御システムによって原子力発電所のような重要インフラストラクチャは動かされている。インターネットにつながっていようと、そうでなかろうと、電子的に制御されるサイバーシステムで構成されるサイバー空間に我々は依存している。サイバーセキュリティという場合、マルウェアやコンピュータ・ウイルスを使うことが想定されることが多いが、サイバーシステムを物理的に破壊するほうが容易で、被害が大きくなる場合もある。

サイバーシステムに前述のサプライチェーン・リスクが含まれていれば、システムの信頼性は失われることになるだろう。以下では、海底ケーブルを事例にこの問題を考えてみたい。

海底ケーブルの転換

現在の国際通信の95％は海底ケーブルを経由すると言われている。日本のような島国では、国際通信の99％を海底ケーブルという物理的なインフラに依存している。日本全国に大小十数カ所の陸揚局があり、そこから米国、韓国、中国、台湾といった諸外国・地域に海底ケーブルが接続されており、それがインターネットや国際電話といった通信の大動脈になっている。

1980年代までの海底ケーブルは、国営企業や国策企業が敷設し、使用していたため、海底ケーブルの国籍を特定することは容易だった。しかし、1980年代末に、銅でできた同軸線の代わりに光ファイバーを使った光ケーブルが出てくると、様相が変わってきた。光ファイバーの通信容量がきわめて大きいために、1社や2社で海底ケーブルを敷設するのではなく、多くの企業が参加するコンソーシアムを形成し、その出資割合に応じて通信容量を得るコンソーシアム・

ケーブルが敷設されるようになった（戸所・土屋　２０２０）。

１９９０年代半ばになると、インターネットが一般に普及するようになり、電話による通話以上にデジタル通信が増えていった。インターネットとともにパーソナル・コンピュータ（パソコン）も普及した。インターネット普及の初期段階では人気サイトは米国にあった。そのため、大西洋や太平洋を横断する通信帯域の需要が大きく増え、海底ケーブルも急ピッチで計画・敷設されるようになった。

それに乗じて登場したのが、コンソーシアム・ケーブルのように複数社でリスク回避するケーブルではなく、1社単独で海底ケーブルを敷設し、帯域を切り売りするプライベート・ケーブル事業者である。代表的なのは、グローバル・クロッシング（Global Crossing）やワールドコム（Worldcom）といった新興企業であった。折しも米国のビル・クリントン（Bill Clinton）政権ではニュー・エコノミー論が台頭し、ＩＴによって景気循環すらなくなったという議論もあった。

しかし、２００1年半ばにＩＴバブルは崩壊してしまう。グローバル・クロッシングやワールドコムは破産に追い込まれ、海底ケーブルは格安で他の通信事業者に売却された。やがてＩＴ業界は回復に向かうが、海底ケーブル敷設は２０００年代の10年ほど停滞の時期を迎えた。

２０１０年代になってスマートフォン（スマホ）が広く普及し、携帯電話の通信が3Ｇから4Ｇへとアップグレードされるにつれ、再び通信需要が増え始める。また、グーグルやフェイスブック、ツイッターといったソーシャル・メディアが普及することによって、通信帯域需要は拡大し始め、海底ケーブル敷設も再び活発になった。

また、ソーシャル・メディアが普及し始めると、ユーザーが大量の個人データをネットワーク上に置くようになったため、プライバシー保護、個人情報保護、あるいは機密データの保護の観点から、自国内にデータを保存するよう求めるデータ・ローカリゼーションの議論も行われるようになった。特に欧州委員会は、ヨーロッパ人のデータを守るために一般データ保護規則（GDPR）を成立させ、データが国境を越えて野放図にやりとりされることを制限するようになった。

こうした議論を受けて、いわゆるGAFA（グーグル、アップル、フェイスブック、アマゾン・ドット・コム）やマイクロソフトをはじめとするプラットフォーマーは、通信キャリアが提供する海底ケーブルを購入するのではなく、自社で海底ケーブルを敷設することに関心を持ち始め、これまで通信キャリアしか参加しなかったコンソーシアムに参加するようになった。そうすれば、海底ケーブルの一定容量を卸値で手に入れ、自由に使えるようになるからである。2014年から18年の間では、コンソーシアム・ケーブルが43％、プライベート・ケーブルが57％だった（STF Analytics 2019b）。

自由で開かれたインド太平洋構想と一帯一路構想

海底ケーブルに投資し始めたのは、欧米や日本の企業だけではない。すでに世界最大のインターネット利用者を抱える中国も強い関心を持ち始めている。とはいえ、中国のインターネット・サービスは閉鎖的である。米国のソーシャル・メディアのほとんどは、中国国内では利用が社会的・政治的な理由から禁止されている。代替的な中国版サービスが中国国内で展開されているので、米国のプラットフォーマーのデータにアクセスするために太平洋に太い海底ケーブルが必要なわけではない。

しかし、中国は2014年に一帯一路構想を打ち出し、陸路と海路のインフラストラクチャに投資し、欧州までつながる大きな経済圏を目指す動きを始めた。それはユーラシア大陸だけに限らず、太平洋島嶼国やアフリカ、中南米まで視野に入れたグローバルな構想になりつつある。そして、デジタル・シルクロードという言葉も生まれ、陸路、海路に続く第3の道としてサイバー空間の拡大も視野に入り、海底ケーブルへの投資も関心事となりつつある。

例えば、アフリカ西岸カメルーンの港湾都市クリビ（Kribi）から南大西洋を5900キロメートル横断し、ブラジルのセアラー州の州都フォルタレザ（Fortaleza）へとつながるSAIL（South Atlantic Inter Link）という海底ケーブルは、カメルーンの通信事業者であるカムテル（Camtel）と中国の大手通信事業者である中国聯通がオーナーとなった。中国にはまったくつながらない海底ケーブルに中国聯通が投資したことが、一気に警戒感を高めることになった。中国はさらに、南米のチリと中国を直結する長大な海底ケーブルも計画している。

日本や米国は、中国の一帯一路構想と直接的にぶつかるわけではないものの、一種の対抗策として自由で開かれたインド太平洋（ＦＯＩＰ）構想を打ち出している。金に物を言わせた投資ではなく、ルールにもとづいたオープンな経済圏の構築を目指している。トランプ政権は、中国との間にできている巨大な貿易赤字を問題視するとともに、サイバースパイ活動などによって米国のハイテク技術を盗まれていることから、米中貿易摩擦・技術摩擦が2018年以降、高まった。

そして、トランプ政権は2019年中に敷設が完了するはずだった海底ケーブルPLCN（Pacific Light Cable Network）の接続を差し止めた。PLCNは米西海岸ロサンゼルスと香港を直結するケーブルで、約1万2900キロメートルを144毎秒テラビットで結ぶことになっていた。香港のパシフィック・ライト・データ・コミュニケーション（Pacific Light Data Communication）、米国のグーグル、フェイスブックという3社がオーナーである。

グーグルもフェイスブックも中国ではサービス提供が認められていないが、両者とも中国市場参入に関心を持っていることが伝えられている。香港と米西海岸を直結する海底ケーブルは、その布石とみられていた。

しかし、米国の司法省を中心とする複数省庁のグループが、国家安全保障を理由に差し止めた（O'Keeffe, FitzGerald, and Page 2019）。詳細については報じられていないものの、米中摩擦の一環との見方が強い。米中間にはすでに直接・間接を含めて多数のケーブルが引かれており、PLCNだけを止めてもデータの流れは止まらない。米中両国がそうした海底ケーブルのそれぞれの陸揚局で通信を監視していることも半ば常識であり、今回の差し止めは象徴的な意味合いしかないだろう。

海底ケーブルのリスク

トランプ政権は、中国企業が潜在的に持つサプライチェーン・リスクを警戒している。海底ケーブルのシステムに使われる機器（ハードウェアおよびソフトウェア）に脆弱性、不具合、意図

図表6－1　主要な海底ケーブル関連企業

	日本	米国	欧州	中国
海底ケーブル・メーカー	NEC（OCC）	サブコム	ASN	ファーウェイ・マリーン（江蘇亨通光電が買収予定）
サプライ製品メーカー	富士通	シエナ（Ciena）、インフィネラ（Infinera）	ネクサンス（Nexans）、NSW（Norddeutsche Seekabelwerke）	ファーウェイ
ケーブル敷設事業者（敷設船保有企業）	KDDI国際ケーブルシップ、NTTワールドエンジニアリングマリン	サブコム	ASN、グローバル・マリーン	溽興拉錬（SBSS）

資料：新納康彦（元KDD）氏へのヒアリングおよび各種資料をもとに筆者作成

的な仕掛けなどが入っており、それが米国の事業者や国民に危害をもたらしたり、米国の安全保障を損なったりする可能性があるとしている。

図表6―1は日米欧中の主要な海底ケーブル関連企業である。米国を代表するのがサブコム（SubCom）社である。同社は最近までTEコネクティビティ（TE Connectivity）社の1部門のTEサブコム（TE SubCom）だったが、2018年にセルベラス・キャピタル・マネージメント（Cerberus Capital Management）に売却された。TEはタイコ・エレクトロニクス（Tyco Electronics）の意で、タイコは電子部品を作る会社だが、海底ケーブル事業はもともと米国の通信大手AT&Tの1部門であった。

欧州では歴史的に英国企業が海底ケー

ブルに強かった。しかし、1993年に英国のSTC（Submarine Telegraph Company）をフランスのアルカテル・ルーセントが買収したため、現在ではASN（Alcatel Submarine Networks）が代表的な企業となっている。

サブコムとASNは自社でケーブル敷設船を保有しているため、自社で製造したケーブルを顧客の求めに応じて迅速に敷設できる点が、日中の企業に対するアドバンテージになっている。

日本では、日本電気（NEC）傘下のOCC（Ocean Cable and Communications）が、リーディング企業である。同社はもともと日本海底電線株式会社と大洋海底電線株式会社という2つの企業だったが、1964年に合併し、日本大洋海底電線株式会社となった。そして、1999年に商号を「株式会社OCC」と改めた。OCCは米国のITバブルがはじけた後、産業再生機構傘下に入るが、2008年にNECと住友電気工業の支援を受けて、NECグループに入っている。

世界的なシェアを見ると（本章扉データを参照）、サブコム、NEC、ASNの3社が大半を占める。2014年から18年の5年間を見ると、サブコムが約8万キロメートルのケーブルを製造し、NECが約5万7000キロメートル、ASNが約3万9000キロメートルである（STF Analytics 2019a）。この3社に比べると、中国のファーウェイのシェアはまだ小さい。

しかし、米中摩擦が激しくなるなか、ファーウェイがその代表格としてトランプ政権から批判されることになった。そのあおりを受けて、2019年6月、同社のすべての株式を中国の別企業、江蘇亨通光電が買い取ることになったと報じられた（川上 2019）。ファーウェイのブラ

図表６－２　海底ケーブル敷設船の船籍

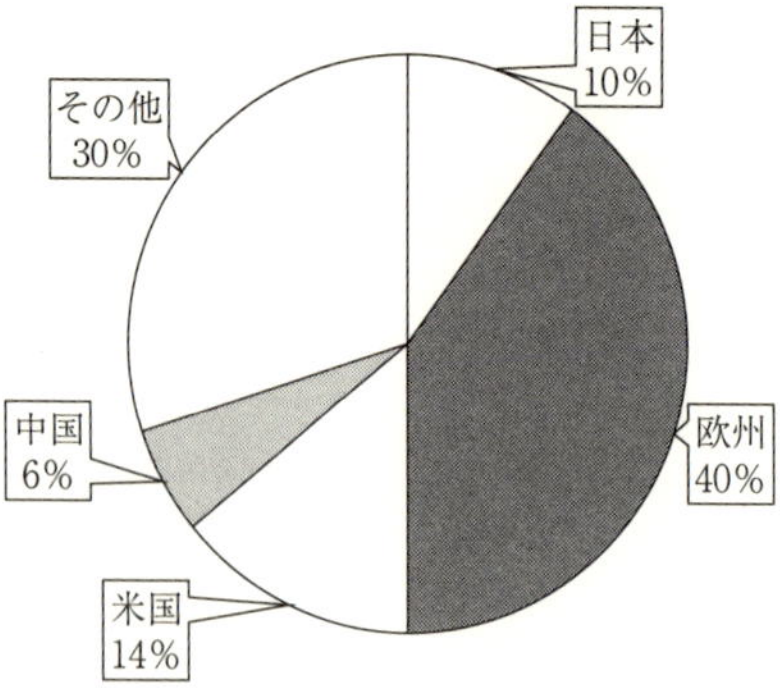

資料：STF Analytics（2019a）, p.54をもとに作成

ンドが外れるとしても、同じ中国の企業であるため、米国政府からの批判は大きく変わらないだろう。

そうした海底ケーブルは、戦争やテロの際には切断される恐れがある。第１次世界大戦時には、英国がドイツの海底ケーブルを切断した。２０１３年には、エジプト沖で海底ケーブルを切断しようとしていた３人が現行犯で捕まっている（Arthur 2013）。

２０１５年に米国の『ニューヨーク・タイムズ』紙は、ロシアのスパイ船や潜水艦が米国沖で海底ケーブルを探っているという記事を載せた（Sanger and Schmitt 2015）。ＣＮＮは、ロシア海軍の船ヤンターには海中で工作活動をできる無人機が備えられており、海底でケーブルを切る可能性について報じた（Rushkoff 2015）。２０１９年11月に、ヤンターはカリブ海域にいるところを目撃されている（Sutton 2019）。

『海の地政学』（スタヴリディス　２０１８）で知られる米海軍のジェイムズ・スタヴリディス（James Stavridis）提督（退役）は、ロシアだけでなく、「中国の次の海の標的はインターネットの海底ケーブル」だと警告している（Stavridis 2019）。

海底ケーブルが失われた場合、ケーブル敷設船が切断ポイントに向かい、海底からケーブルを引き上げて再接続しなくてはならない。図表6―2は、ケーブル敷設船の船籍を示したものである。歴史的な経緯から欧州が多くなっており、その後に米国、日本が続き、ここでも中国が6％を占めている。太平洋を考えれば、米国14、日本10、中国6の割合になるが、米国は太平洋と大西洋があるので半分とすれば、日本10、米国7、中国6、程度の割合だと推定することができるだろう。

5　潜伏型リスクのインパクト

サイバー空間は3D化し、各種の工作活動の舞台になっている。その多くはサイバー犯罪ないしサイバースパイ活動の領域にあるもので、国際法上のサイバー攻撃に当たるものは多くない。米中間で繰り広げられている争いも、サイバースパイ活動に当たるものがほとんどである。

しかし、トランプ政権が問題視しているサプライチェーン・リスクは、潜伏型のサイバー攻撃である。つまり、攻撃と被害の間に時差があり、その主体を特定することが難しい。したがって、潜在的なリスクに今のうちから対処しておかないといけない。

米中の技術をめぐる争いは、これまで歴史上繰り返されてきたテクノヘゲモニーとネットワーク・ヘゲモニーをめぐる争いのパターンに近づいている。ある時点から、追い上げる新興国を先進国は徹底的にたたく。米国のトランプ政権は中国によるエミュレーションを阻止するために強い行動に出ている、と見ることができるだろう。

海底ケーブルをケーススタディとして見ると、現状では日米欧の3社が大きなシェアを持っているが、中国がそこに入り込もうとしている。中国のケーブル製造能力はまだ低いが、中国の通信事業者は購入したケーブルを積極的に敷設しており、ケーブル敷設船もそれなりに保有している。

国際的な海底ケーブルはその性格上、必ず相手国の了解を得なくてはならない。一方的に敷設することはできない。少なくとも2カ国の協力がなければ敷設できない。中国系の海底ケーブルによるネットワークの拡張は、中国の勢力の広がりを示す一つの基準である。

技術に依存し、技術を競争力の源泉としてきた日本にとっても、現在の米中のサイバー空間における覇権争いは大きなインパクトを持つ。現代の生産構造では、一国だけですべてを完結させるのは難しい。日本が製造する製品にも、他国で生産された部品が数多く含まれている。日本で用いる部品に意図的に不正が組み込まれたり、意図せぬうちに不具合が入れられたりすることもあるだろう。

最もやっかいなのは、時間的に徐々に、そしてかすかだが確実なレベルで、競争力が落とされることである。何かが爆発するような不具合は、認知しやすく、対処もしやすい。しかし、ゆっくりと、そして少しずつ製品の歩留まりが悪くなるような工作活動が行われれば、「高品質の日本製品」全体の信用を失うことになりかねない。技術的な信用を失うことは、安全保障・経済のパートナーとしての日本の信用を失うことにもつながりかねない。米中の摩擦は人ごとではなく、日本の競争力と信用につながる問題である。

【本章のポイント】

- 米中間のサイバー空間をめぐる争いは、長期的に見ればテクノヘゲモニー（技術覇権）をめぐるものである。技術新興国は技術覇権国を模倣し、そこに新しい何かを加えることによって新たな技術覇権国になろうとする。そうした覇権の交代を阻止するために技術覇権国は、技術新興国を徹底的にたたこうとする。
- 中国の一帯一路とデジタル・シルクロードは、物流のネットワークと情報通信のネットワークを組み合わせるという点では、ネットワーク・ヘゲモニー（ネットワークによる覇権）という側面も持っている。19世紀の英国や20世紀の米国のように、相互補完的なネットワークを中国が築けるかどうかが注目される。
- 海底ケーブルは、米中の技術とネットワークをめぐる争いの一例である。中国はデジタル・シルクロードの一環として世界各地で海底ケーブルを敷設しようとしているが、日米欧の企業との間の技術格差は大きい。しかし、米国と香港の間のケーブルを認めないなど、米国政府はすでに警戒感を示している。

【参考文献】

（和文）
秋道智彌、角南篤編著（２０１９）『海とヒトの関係学③―海はだれのものか―』西日本出版社
川上尚史（２０１９）「ファーウェイ、海底ケーブル事業売却へ　米批判回避か」『日本経済新聞』２０１９年６月３日（電子版）
ジェイムズ・スタヴリディス（北川知子訳）（２０１８）『海の地政学――海軍提督が語る歴史と戦略』早川書房
土屋大洋（２００７）『ネットワーク・パワー――情報時代の国際政治』ＮＴＴ出版
――（２０１５）『サイバーセキュリティと国際政治』千倉書房
――（２０１９）「サイバーセキュリティを支える技術戦略」『防衛学研究』№60、日本防衛学会
戸所弘光、土屋大洋（２０２０）「海底ケーブルのガバナンス―技術と制度の進化」『Ocean Newsletter』№４６７、海洋政策研究所
Ｐ・Ｗ・シンガー、オーガスト・コール（２０１６）（伏見威蕃訳）『中国軍を駆逐せよ！（上・下）』二見書房
マイケル・ピルズベリー（野中香方子訳）（２０１５）『China 2049』日経ＢＰ
マルク・エルスベルグ（２０１２）（猪股和夫、竹之内悦子訳）『ブラックアウト（上・下）』角川文庫
薬師寺泰蔵（１９８９）『テクノヘゲモニー』中公新書
（英文）
CGTN (2019) "Munich Security Conference: China Stresses Importance of Multilateralism" CGTN <https://news.cgtn.com/news/31497a4e3149464776c6d636a4e6e62684a4856/share_p.html>
Charles Arthur (2013) "Undersea Internet Cables off Egypt Disrupted as Navy Arrests Three" *Guardian* https://www.theguardian.com/technology/2013/mar/28/egypt-undersea-cable-arrests
David E. Sanger and Eric Schmitt (2015) "Russian Ships Near Data Cables Are Too Close for U.S. Comfort" *New York Times* https://www.nytimes.com/2015/10/26/world/europe/russian-presence-near-undersea-cables-

concerns-us.html

Douglas Rushkoff (2015) "Russia, the Internet and a New Way to Wage War?" *CNN* <https://edition.cnn.com/2015/10/28/opinions/rushkoff-internet-cables-russia/index.html>

H. I. Sutton (2019) "Russia's Suspected Internet Cable Spy Ship Appears Off Americas" *Forbes* <https://www.forbes.com/sites/hisutton/2019/11/10/russias-suspected-internet-cable-spy-ship-appears-off-americas/#7908871f42d5>

James Stavridis (2019) "China's Next Naval Target is the Internet's Underwater Cables" *Bloomberg* https://www.bloomberg.com/opinion/articles/2019-04-09/china-spying-the-internet-s-underwater-cables-are-next

Jordan Robertson and Michael Riley (2018) "The Big Hack: How China Used a Tiny Chip to Infiltrate U.S. Companies" *Bloomberg Businessweek* <https://www.bloomberg.com/news/features/2018-10-04/the-big-hack-how-china-used-a-tiny-chip-to-infiltrate-america-s-top-companies>

Kate O'Keeffe, Drew FitzGerald and Jeremy Page (2019) "National Security Concerns Threaten Undersea Data Link Backed by Google, Facebook" *Wall Street Journal* <https://www.wsj.com/articles/trans-pacific-tensions-threaten-u-s-data-link-to-china-11566991801>

Lee Kai-Fu (2018) *AI Superpowers: China, Silicon Valley, and the New World Order*, Houghton Mifflin Harcourt

SubmarineNetworks.com (Unknown) "PLCN" SubmarineNetworks.com <https://www.submarinenetworks.com/en/systems/trans-pacific/plcn>

STF Analytics (2019a) "Submarine Telecoms Market Sector Report: Global Outlook" STF Analytics <https://stfanalytics.com/wp-content/uploads/2019_Global_Outlook_Market_Report.pdf>

STF Analytics (2019b) "Submarine Telecoms Industry Report Issue 7 2018/2019" STF Analytics https://subtelforum.com/submarine-telecoms-industry-report-issue-7/

Thomas C. Reed (2005) *At the Abyss: An Insider's History of the Cold War*, Presidio Press

United States Department of Defense (2010) "Quadrennial Defense Review Report" United States Department of

Defense <https://archive.defense.gov/qdr/QDR%20as%20of%2029JAN10%201600.pdf>

United States Department of Defense (2018) "Summary: Cyber Strategy 2018" United States Department of Defense <https://media.defense.gov/2018/Sep/18/2002041658/-1/-1/1/CYBER_STRATEGY_SUMMARY_FINAL.PDF>

United States White House (2019) "Remarks by Vice President Pence at the 2019 Munich Security Conference" United States White House <https://www.whitehouse.gov/briefings-statements/remarks-vice-president-pence-2019-munich-security-conference-munich-germany/>

第 7 章

揺れる欧州の対中関係
実利優先から新たな距離感模索へ

刀祢館 久雄（日本経済研究センター研究主幹）

日米EUの対中貿易収支の推移

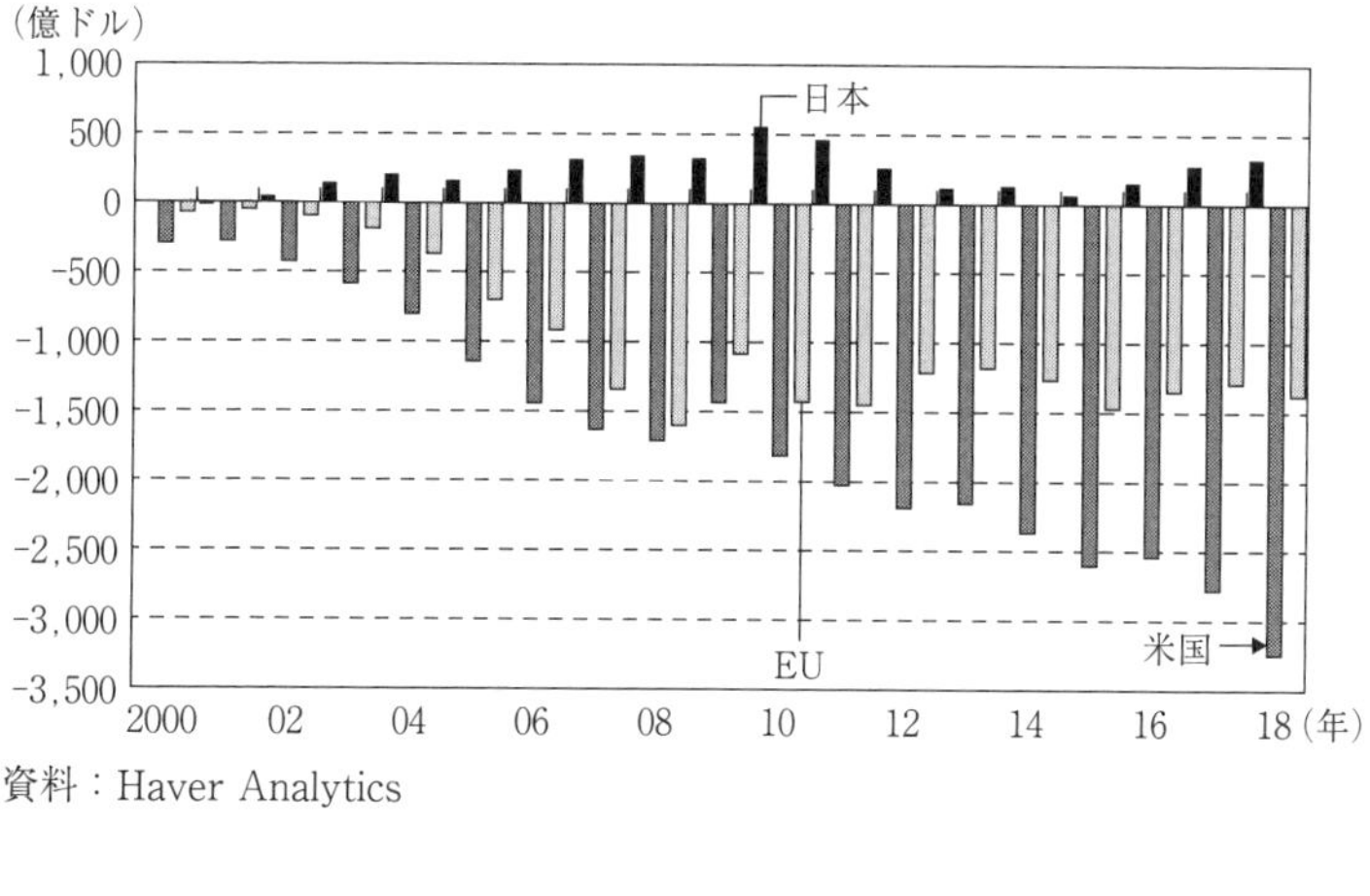

資料：Haver Analytics

２０１９年は欧州の対中関係で節目の年になった。３月に欧州連合（ＥＵ）の執行機関である欧州委員会が公表した政策文書は、中国を「システミック・ライバル（体系的な競合相手）」と位置づけて警戒感を明確に示した。米欧軍事同盟の北大西洋条約機構（ＮＡＴＯ）は、12月の首脳会議で初めて中国への対応を本格的に取り上げ、中国のもたらす機会と挑戦に「同盟として共に対処する必要がある」（首脳宣言）と米欧の結束を唱えた。

欧州と米国の間では、中国に警戒感を持って向き合うことで認識に一定の収斂がみられる一方、次世代通信規格５Ｇへの中国製品受け入れの是非をめぐる論争のように、足並みがそろわないケースもある。今後米欧間で食い違いがどれだけ残り続けるかは中国の対応にもかかってくるが、ギャップを完全に埋めるのは容易でないだろう。中国に対する米欧のせめぎ合いと調整の行方は、日本の針路にも影響を及ぼす可能性が大きい。

１　欧州の対中姿勢の展開

拡大から踊り場へ

欧州にとってアジアの経済大国といえば１９９０年代までは日本だったが、日本がバブル崩壊とともに停滞期に入るのと入れ替わるように、巨大な人口を抱える成長市場として中国への関心が高まっていった。2001年の世界貿易機関（WTO）加盟も中国の貿易拡大を後押しし、2018年現在、EUにとって中国は輸入で第1位、輸出で米国に次ぐ第2位の貿易相手国になっている（EU統計による物品貿易）。

EUの対中貿易収支は2000年代に入って赤字が急増したが、2008年ごろからはほぼ横ばいで推移している。一方、米国の対中貿易赤字は2008年にはEUの対中赤字と同程度の規模だったものの、その後も急拡大を続け、2018年には約3200億ドルとEUの2倍以上に膨らんでいる。赤字の規模が大きいうえに増加基調に歯止めがかからないことが、米国の対中通商政策が欧州以上に厳しくなったことの1つの背景と考えられる。

欧州ではとくにドイツのポジションに注意を要する。自動車産業をはじめ、中国市場はドイツ企業の重要なお得意先になり、2016年に中国はドイツ最大の貿易相手国に浮上した。しかもドイツは、EUで数少ない対中黒字国である。

英国が離脱する前のEU加盟28カ国のうち、2018年に対中貿易が黒字だったのはドイツ、フィンランド、アイルランドの3カ国だけで、残る25カ国は軒並み赤字だったが、ドイツの黒字額は他の黒字2カ国より一桁多く突出している（図表7―1参照）。ドイツにとって中国は、競争相手であると同時に、同国経済を支える製造業の貴重な市場だ。このことがドイツはもとより、EUとしての対中政策を考慮する際に無視できない要素になる。

英国では、キャメロン政権時代に前のめりの対中姿勢が目立った。2015年には、中国が設立のイニシアチブをとったアジアインフラ投資銀行（AIIB）に欧州で英国が先頭を切って参

図表7－1　EU主要国の対中貿易収支
(2018年の物品貿易、100万ユーロ、▼は赤字)

ドイツ	18,248
フィンランド	1,448
アイルランド	1,013
ポルトガル	▼1,692
ギリシャ	▼2,692
ハンガリー	▼4,949
ベルギー	▼8,137
フランス	▼8,525
チェコ	▼10,987
ポーランド	▼15,857
スペイン	▼16,276
イタリア	▼17,611
英国	▼29,955
オランダ	▼74,157

資料：eurostat

加を表明し、独仏やイタリアが続いた。中国主導の枠組みに懐疑的な米国の反対を押し切るかたちで欧州勢が参加を決めたため、米欧間にしこりが残った。米国と日本はその後もAIIBに加盟しておらず、創設メンバーとして積極的に中国に協力した欧州勢との違いが鮮明になっている。

欧州では安全保障や地政学的な面からの対中警戒感が日米より希薄で、もっぱら巨大な成長市場として中国を見ていたことが、拡大で中国を見ていたビジネス中心の視点一直線ともいえる姿勢につながった。欧州も中国の人権状況には関心を寄せているが、経済関係の拡大に水を差すほどではない。東シナ海や南シナ海をめぐる中国とアジア近隣国の問題にも関心が高いとはいえなかった。

当時の英国の中国歓迎ムードは、2015年10月の習近平国家主席の英国訪問を前に掲載された英『フィナンシャル・タイムズ』紙の社説にも見て取れる。「習近平を赤じゅうたんで歓迎する英国は正しい」という見出しの社説は、英国と中国の間には政治システムや人権問題への考え方などで大きな食い違いがあるとしながらも、経済面での可能性の大きさにより、習主席を「赤じゅうたんの中でも最も赤いじゅうたんで迎えることは正当化される」と論じた。

EUとしての対中関係の基調を示すものに、2013年11月のEU・中国首脳会議で採択した文書「EU・中国2020　協力への戦略計画」がある。この文書は序文で「対等、敬意、信頼」の原則にもとづく「戦略的パートナーシップ」を発展させると表明し、平和・安全保障から経済発展、持続可能な開発、人的交流まで幅広い分野で協力をうたっている。

拡大基調を続けてきた欧中関係も、2016年ごろから風向きが変わり始める。重要な技術の流出懸念をはじめ、中国の振る舞いや膨張する影響力への警戒心が台頭してきたことが背景にある。

2016年には、複数の象徴的なできごとがあった。1つは、中国の家電大手、美的集団による独産業用ロボット大手、クーカの買収だ。クーカはドイツが官民で取り組む「インダストリー4・0」の代表的な企業だっただけに、先端技術が中国に渡ることへの懸念がドイツの政界や経済界に広がった。

習近平政権は前年の2015年5月に、ハイテク産業育成策「中国製造2025」を発表した。これは2025年までに世界の製造強国の仲間入りを果たし、2019年にはその先頭グループに入るという野心的な内容で、重点分野として次世代情報技術、工作機械・ロボット、新エネルギー自動車など10の分野を指定していた。産業用ロボットは2025年に自主ブランドの市場占有率を70%にするという数値目標を設定しており、ドイツのクーカ買収はこの国家戦略に沿うものだったことがうかがえる。

2016年には、中国のもう1つの重要国家戦略である広域経済圏構想「一帯一路」でも注目すべき動きがあった。中国国有企業の中国遠洋海運集団（コスコ・グループ）が4月に、ギリシャ政府から同国最大の港であるピレウス港を運営する公社を買収する契約を結んだことだ。地中海交通の要衝である港の運営権取得は、欧州の重要な運輸インフラが中国に握られる懸念をもたらすニュースだった。

2016年7月には、南シナ海で人工島を造成する中国に対してハーグの仲裁裁判所が領有権の主張を退ける判決を下し、中国が即座にこれを拒否するという一件もあった。これは2014年にロシアがウクライナのクリミア併合を断行した後だったこともあり、中国も国際法を無視して現状修正を強行する国なのか、という懸念を欧州で呼び起こすきっかけになった。

バランス意識した対応に

中国への見方が変化してきたことに伴い、欧州では対中政策を見直したり、よりバランスの取れた対応を探ったりする動きが出てきた。

有力ロボットメーカーが中国企業に買われたドイツではこの年、別の買収案件で異なる展開がみられた。中国の投資ファンドが独半導体製造装置メーカーのアイクストロン買収に動き、ドイツ当局はいったん承認したにもかかわらず、ほどなくこれを取り消して再審査を決めるという異例の対応に出たのだ。

2016年12月にはオバマ米政権が、中国投資ファンドによるアイクストロンの米国子会社買収を認めない決定を下した。米子会社の持つ技術が中国で軍事用途に使われるリスクや、その取引先に米防衛企業が含まれることを米当局は懸念したと伝えられた。こうした展開を受け、中国の投資ファンドは結局ドイツの親会社も含めて買収を断念した。

この件は、クーカ買収などを機にドイツで中国への技術流出懸念が高まったこと、そして安全保障にかかわる技術が絡むと米国が強く反応することを示した。

ドイツは対策として関連制度の整備に動き、2017年に外国企業による国内企業の買収規制を強化した。2018年には、中国系企業がドイツの精密機械メーカー買収を試みたものの、新たな規制により安全保障上の理由から却下されると報道され、撤回に追い込まれるというできごとが起きた。

EUの対中姿勢も変わりつつある。2016年6月にEUは、対中政策の基本文書「EUの新たな対中戦略のための諸要素」を公表した。中国との関係強化を呼び掛けつつも、互恵主義や公正な競争、法の支配と中国における人権の尊重などを追求すべきだと主張する内容だ。協力を前面に打ち出した2013年の文書「EU・中国2020　協力への戦略計画」は中国との合意にもとづくもので性格が異なるとはいえ、ニュアンスには明らかに差が見て取れる。

2016年には、WTOでの中国の扱いをめぐる対立が鮮明になった。中国は01年にWTOに加盟した際に「非市場経済国」の扱いを受け入れたが、そのままだとダンピングの認定で不利になるとして市場経済国に「昇格」させるよう求めていた。これに対しEUは、日米とともに中国を市場経済国とは認めない方針を決め、中国政府の反発を招いた。

政策文書に「ライバル」と明記

2016年ごろから本格化した対中認識の風向き変化は、2019年になるとEUの文書や首脳のコメントといったかたちでより明確に打ち出されるようになった。

その点で重要なのは、本章冒頭でも言及した欧州委員会の政策文書だ。「EU―中国　戦略的展望」（EU ― China ― A strategic outlook）と題するこの文書は、中国を協力相手、交渉相手、経済の競争相手であるとともに、統治のモデルをめぐる「システミック・ライバル（体系的な競合相手）」であると、やや挑発的な表現で呼び注目された。

文書は、以下の3つの目標を挙げている。

①グローバルなレベルで共通の利益を促進するため中国との関与を深める

②中国との経済関係で、よりバランスのとれた互恵的な条件を強固に求める

③EUは自らの繁栄と価値、社会モデルを長期にわたって維持するため、経済の現実に適応し

て自らの政策や産業基盤を強化する

1番目に中国との協力を模索する姿勢を打ち出してはいるものの、より目を引くのはバランスと互恵的な関係を求めた2番目の項目だ。中国に従来よりも警戒心をもって対峙することを示したと受け取れるからだ。

このあとに掲げた10項目の行動計画をみると、さらにそのニュアンスが伝わってくる。行動計画の1では中国との協力強化をうたっているが、そのほかの項目では中国への注文やEUとして取るべきリスク対策に言及したものが多い。

例えば、欧州の重要な技術や資産、インフラへの投資がもたらす安全保障上のリスクを把握するため、外国からの投資審査に関する規則を早急に実施するよう加盟国に促したり、5Gのネットワーク・セキュリティについてEU共通の対応を求めたりしている。中国の補助金や外国企業への技術移転の強要の問題にも言及している。

文書発表後の3月下旬に開いたEU首脳会議では、対中戦略のあり方が議題になった。ユンケル欧州委員長は記者会見で改めて「中国は競合相手だ」と述べ、トゥスクEU大統領は会議後の声明で、中国との「公正な競争と対等な市場アクセスを実現するためのバランスのとれた関係」をめざすと表明した。

会議に出席した各国首脳からも記者会見で「(中国に対して)欧州がナイーブな時代は終わった」(マクロン仏大統領)、「中国はパートナーでもあるが、政治システムの異なる競争相手でもある」(メルケル独首相)といった声が上がった。何をどの程度やるかという対応策をきっちり決めたわけではないが、中国との付き合い方を見直そうとするＥＵの姿勢を示した点で、この首脳会議は重要な節目になったといえるだろう。

経済界も声を上げている。ドイツ産業連盟（ＢＤＩ）は、２０１９年1月に中国を「システミックな競争相手（コンペティター）」とする政策文書を発表した。ドイツとＥＵの政策当局者に向けたこの文書（「パートナー、そしてシステミックな競争相手――我々は中国の国家管理経済にどう向き合うか？」）は、中国が徐々にリベラルでオープンな市場経済に移行していくという長年の見方はもはや成り立たない、としたうえで、国家管理による中国型の経済モデルと欧州などのリベラルな市場経済との「システミックな競争」になりつつあると指摘した。

ＢＤＩの問題意識や「システミックな競争相手」というフレーズは、3月の欧州委員会の対中文書と通じるところが多い。ドイツ産業界の声をＥＵ側が吸い上げた可能性もあるだろう。

ＢＤＩの文書は、中国型システムの特徴や問題点を多数列挙している。共産党による経済・社会の支配、国家の介入による市場や価格の歪曲、不透明な企業補助金、技術移転の強要、海外ハイテク企業の戦略的買収、対内投資制限、非関税障壁、政府調達への外国企業の差別的扱い、不十分な知的財産権保護などだ。中国は国際的な場で市場開放を約束し、自由貿易と既存のグローバル秩序への支持を表明しているのに、「実際の行動は期待はずれ」だと厳しく批判している。

域内投資への審査制度を導入

ＥＵとしての具体的対応としては、２０１９年に初めて域外国からの直接投資に対する審査制

図表７－２　中国から日米欧への直接投資額

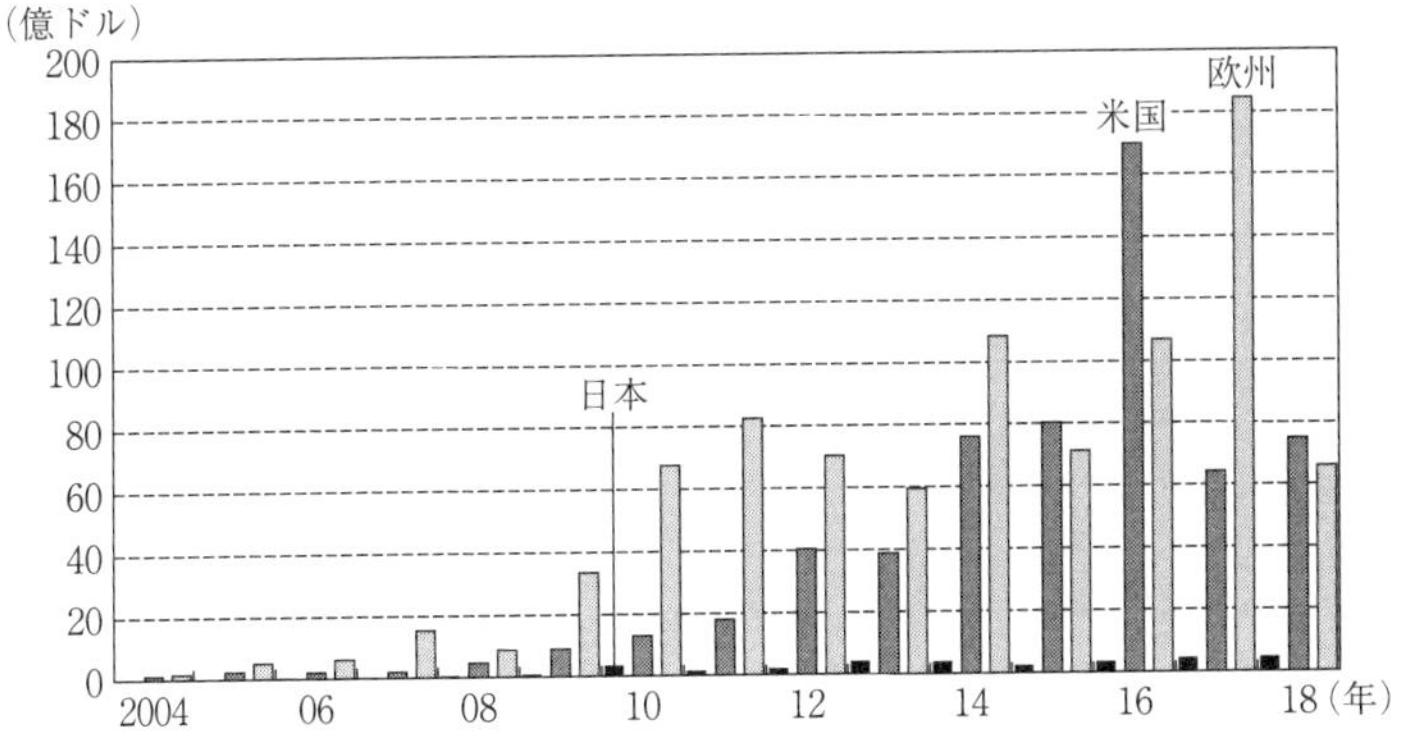

資料：Haver Analytics

度（スクリーニング制度）の導入を決めたことが注目される。中国の企業や投資ファンドによる戦略的に重要な欧州企業の買収への警戒感から、ドイツなどは既に外資規制の強化に動いていたが、何らかの投資審査制度を持つＥＵ加盟国は全体の半分にとどまっていた。

ＥＵの閣僚理事会で３月に承認された新審査制度では、加盟国と欧州委員会が協力の枠組みを設けて外資による企業買収について情報交換する。欧州委は、個別の投資案件について安全保障上の懸念がある場合、加盟国に意見を表明することができる。企業買収の却下などを事実上勧告するものになるとみられる。新制度は、２０２０年秋にフル稼働する予定だ。

投資受け入れの判断を加盟国任せにしたままでは、審査機能が弱かったり、中国に甘くハードルを低くしてしまったりするケースが出かねない。安全保障にかかわるリスクはＥＵ全体に影響しかねない問題なだけに、抜け穴を封じる意味がありそうだ。ただし、投資受け入れを最終判断するのは各加盟国であり、欧州委も強制力のある介入はできない。あくまで「意見」にとどまるのは加盟国の主権に配慮せざるをえないためだが、それでも欧州委が具体的な投資案件を公に問題視すれば、ＥＵレベルで関心が高まり、当事国に一定のプレッシャーがかかるだろう。

直接投資に対する監視強化の流れを反映するかのように、中国から欧州への投資額は２０１７年をピークに18年は急減した（図表7―2参照）。中国から米国向けの投資は既に２０１７年から急減しており、欧州向けは1年遅れで米国と同じような変化を示した。受け入れ国側の慎重姿勢とともに、中国側が意識して投資を抑制した可能性も指摘されている。

2　波紋広げた一帯一路構想

中国の過剰な影響に警戒感

欧州と中国の関係が米中や日中の関係と異なる点の1つは、「一帯一路」構想が大きな影響を及ぼしている点だ。欧州はユーラシア大陸を東から西へ横断する一帯一路の対象地域として組み込まれ、重要な位置を占める。

欧州では当初、中国の協力によるインフラ建設が経済活性化につながることへの期待が先行したが、次第に中国のオーバープレゼンスや欧州分断リスクへの懸念が広がった。それでも中国マネーの誘致に積極的な国は根強く存在し、欧州の結束を揺さぶる要因になっている。

習近平政権が一帯一路構想を打ち出したのは2013年だが、その前年の12年から毎年、中国は欧州16カ国との間で「16＋1」の首脳会議を開催し、経済協力を積極的に進めてきた。「16＋1」の欧州側は中東欧や西バルカン諸国で、経済成長に向けたインフラ整備のため中国マネーの需要が大きい地域だ。一帯一路でつなぐ西欧の巨大市場へのゲートウエーにあたる地域でもある。

財政事情に苦しむ南欧諸国も一帯一路への関心は強い。前述のピレウス港の運営権を中国企業に売却したギリシャは中国への接近姿勢を続け、2019年4月の「16＋1」首脳会議には首相が参加した。2020年からは、ギリシャを加え「17＋1」と呼ばれる予定だという。

ユーロ圏で3番目の経済規模を持つ南欧のイタリアも、2019年3月に主要7カ国（G7）メンバー国として初めて一帯一路に参加する覚書を交わした。中国は同国北東部のトリエステ港の機能強化などに協力する計画で、ギリシャやイタリアの地中海沿いの重要な港を押さえて海上ルートの整備を進める。

一帯一路にもとづくプロジェクトが具体化するにつれ、欧州では中国の影響力が過剰に広がることへの警戒感が浮上してきた。マクロン仏大統領は、イタリアが一帯一路の覚書に署名したことについて「良い方法ではない。フランスはしない」と語ったと伝えられた。地中海の港湾が一帯一路の重要な拠点になると、欧州北部のオランダ、ドイツ、ベルギーの港湾の荷揚げに影響が及ぶ可能性も指摘される。

2016年に南シナ海に関する中国の主張を退ける判決をハーグの仲裁裁判所が下した際には、

ＥＵとしての声明とりまとめの過程でギリシャやハンガリーが厳しい内容に反対する一幕があったとされ、一帯一路で中国に取り込まれた影響を指摘する声があった。

域内の分断リスクも

欧州側の懸念をおおまかに分けると、①重要なインフラ設備の所有や管理を委ねることによる安全保障上のリスク、②インフラ建設などのプロジェクトの落札が中国企業に集中しているとの不満、③過剰な貸し付けで返済不能に陥る「債務のわな」への不安、④欧州域内の物流網シフトに伴う既存インフラなどへの打撃、⑤経済協力で取り込まれた親中派の加盟国によってＥＵの運営や決定が影響を受ける分断リスク――などが挙げられるだろう。

２０１８年4月にはドイツの経済紙『ハンデルスブラット』が、ハンガリーを除くＥＵ27カ国の駐北京大使が一帯一路について報告書をまとめ、自由貿易を阻害し中国企業を有利にするものだと批判したと報じた。中国の投資を受け入れた中東欧の国からも、期待した成果が得られていないという失望感が出ているとされ、当初の歓迎ムードは一段落した感がある。

欧州委員会は先に触れた２０１９年3月の政策文書「ＥＵ―中国　戦略的展望」で、欧州側が「完全に結束」する必要性を訴え、「16＋1」はＥＵのルールや政策と整合性がなければならないと牽制している。

欧州委員会が２０１８年9月に公表した「欧州・アジア連結性戦略」は、中国の一帯一路構想を意識したものと解釈できる。アジアとの間で運輸、エネルギー、デジタルネットワークなどの分野でつながりを深める戦略だが、「経済的、財政的、環境面、社会の面で長期的に持続可能でなければならない」と主張した。借り手が債務に苦しむリスクを避けるため、インフラ・プロジェクトは財政面で持続可能でなければならないと指摘しており、中国マネーへの過剰な依存を戒める狙いが読める。

ひところに比べると欧州全体としての空気は一帯一路に慎重になったものの、ギリシャやイタリアのように積極姿勢を続ける国が態度を変える兆しはなく、EUの足並みはなかなかそろわない。

3　米との摩擦生んだ5G問題

次世代の通信規格5Gの導入をめぐってトランプ米政権は、安全保障上の懸念を理由に米国市場から中国企業を締め出すとともに、同盟国に対しても中国製品の排除を求めた。日本や豪州は公式、非公式に米国と足並みをそろえる一方、欧州では英国やドイツが中国企業を全面排除はしない姿勢を示し米国と一線を画している。

性能やコスト面から中国製品のメリットは大きいとされ、一方で安全保障上のリスクは是非の線引きが難しい面がある。迷いながらの欧州各国の判断だが、中国製品に批判的な声は欧州内部からも根強く上がっている。

5G問題は、欧州にとって安全保障と経済の綱引きの問題であると同時に、中国をめぐる米国との政策調整をどう扱うかという政治的な側面も持つ問題になっている。

中国製品の全面排除に慎重姿勢

この分野での中国通信機器大手・華為技術（ファーウェイ）の存在感は抜きんでている。とくに欧州は得意先として大きい。2019年9月末時点でファーウェイは世界の通信会社60社以上と5Gの商用化契約を結んでおり、欧州企業はその約半分を占めると伝えられた。

ドイツ政府は同年10月15日、5Gの安全基準案を発表した。ファーウェイ製品のドイツ市場からの全面排除は見送る内容だった。

フランスではマクロン大統領が5月に「ファーウェイや他の企業を排除することは考えていない」と発言した。11月には経済・財務副大臣が、フランス政府として米国の後追いはせず、どの企業も排除はしない方針を示したと伝えられた。

2020年に入ると、EUからの離脱を目前に控えた英国が1月28日、ファーウェイ製品の限定的な使用を認める方針を発表した。5Gネットワークの中核部分からは排除する内容だったものの、歴史的に米国と最も親密な欧州同盟国である英国の判断は関心を集めた。

ファーウェイの製品とサービスへの高評価に加え、既に現行規格の4Gでファーウェイを採用している大手携帯会社にとっては、別の企業に乗り換えると既存の設備を交換しなければならず、巨額のコストが発生するという事情がある。ファーウェイを前提に進めてきた5Gの計画を変更すれば、サービス開始に大幅な遅れが生じかねないという声もある。ビジネスの見地に立てば、ファーウェイへのニーズは根強い。当局が介入して規制しない限り、同社になびく流れを止めるのは困難だ。

リスクへの警戒感も台頭

欧州各国もビジネス優先でセキュリティ面を無視しているわけではない。どうやってリスクを管理するかという問題意識は欧州の関係者にもあり、議論が続いている。

英国では、公的機関である「ファーウェイ・サイバーセキュリティ評価センター」が年次報告書を出している。2019年3月の報告書は、ファーウェイ製品の安全性について「英国の通信ネットワークに新たなリスクとなる重大な技術的問題がさらに見つかった」と表明した。前の年に指摘した問題点にも具体的な改善がみられないとし、このままではファーウェイの製品を将来英国で導入する場合のリスク管理を適切に行うのは困難だと警告した。

EUとしての対応が注目されるなかで欧州委員会は3月、2つの文書で見解を打ち出した。1つは先に触れた包括的な政策文書「EU―中国 戦略的展望」で、5Gネットワークのような重要なインフラでの外国製品使用は「EUの安全保障のリスクになり得る」と指摘し、EUとして共通のアプローチが必要だと主張した。

もう1つは欧州委による5G問題に絞った加盟国向け勧告で、5Gの通信ネットワークにおけ

図表7－3　中国と欧州の主な動き

<table>
<tr><th>年</th><th>中国</th><th>欧州</th></tr>
<tr><td rowspan="2">2012</td><td>習近平が共産党総書記に就任</td><td></td></tr>
<tr><td colspan="2">中国が中東欧や西バルカン諸国と「16＋1」首脳会議を開始</td></tr>
<tr><td rowspan="4">2013</td><td>習近平が国家主席に就任</td><td rowspan="3"></td></tr>
<tr><td>習近平が一帯一路構想のもととなる「シルクロード経済ベルト」構想を表明</td></tr>
<tr><td>習近平がアジアインフラ投資銀行（AIIB）の創設を提唱</td></tr>
<tr><td colspan="2">EU･中国首脳会議で「戦略的パートナーシップ」の発展を表明する文書を採択</td></tr>
<tr><td>2015</td><td>ハイテク産業育成策「中国製造2025」を発表</td><td>中国主導のAIIBに英独仏などが参加表明</td></tr>
<tr><td rowspan="3">2016</td><td>中国国有企業がギリシャのピレウス港の運営公社を買収</td><td>中国がドイツの最大の貿易相手国に</td></tr>
<tr><td rowspan="2">中国の家電大手が独産業用ロボット大手クーカを買収</td><td>中国の投資ファンドによる独半導体製造装置メーカー買収を独当局が承認取り消し・再審査</td></tr>
<tr><td>EUが対中政策の基本文書で互恵主義、公正な競争、法の支配などを主張</td></tr>
<tr><td>2017</td><td>北京で一帯一路構想の第1回国際会議を開催</td><td>ドイツが外国企業への買収規制を強化</td></tr>
<tr><td rowspan="4">2019</td><td colspan="2">習近平主席がイタリアを訪問して一帯一路の覚書を取り交わす</td></tr>
<tr><td rowspan="3">北京で一帯一路構想の第2回国際会議を開催</td><td>EUの欧州委員会が中国を「システミック・ライバル」と呼ぶ対中戦略報告書を発表</td></tr>
<tr><td>ドイツ政府が5Gで中国企業を全面排除はしない方針を表明</td></tr>
<tr><td>NATO首脳会議が初めて中国を本格的な議題に</td></tr>
</table>

注：公式発表や報道をもとに筆者作成

る安全保障上のリスクを指摘し、加盟国にセキュリティ上のリスク評価をするよう求めた。また、EUレベルでも情報を共有してリスク評価をする方針を示した。

だが、この勧告でより注目されたのは、中国製品を採用するかどうかの判断を各加盟国に委ねる姿勢を示した点だった。加盟国の間で中国製品へのニーズは根強い。通信インフラに及ぼす安全保障上のリスクを強く意識しつつも、EUとして一律に中国製品にゴーサインを出すこともストップをかけることもせず、加盟国に判断を委ねることしかできない点に、この問題におけるEUの限界が表れたといえるだろう。

EUは、28の加盟国すべてにサイバーセキュリティのリスク評価を求め、その結果を総括したEUとしての5Gリスク評価報告書を2019年10月に公表した。報告書はEU域外の国家や、国家が背後にいる行動主体から攻撃されるリスクの高まりなどを強く警告し、5Gの機器調達にあたって1つの企業に過度に依存しないよう勧告した。中国企業への集中がもたらすリスクに警鐘を鳴らす内容だ。

一方、この報告書もファーウェイ製品などの導入見送りを勧告することはなく、加盟国それぞれの判断とする基本路線は変わっていない。

中国製品を排除しない方針を打ち出したドイツ政府に対しては、国内でも強い批判の声が上がっている。メルケル首相のおひざ元の与党キリスト教民主同盟（CDU）と、連立相手の社会民主党（SPD）の双方で反対論が表面化し、連邦議会でファーウェイを5G事業から事実上締め出す立法措置をめざす動きも出た。

逆風を受けてメルケル首相は、ＥＵとして共通の対応を取るべきだと主張し、そのためにまずドイツとフランスの間で共通のアプローチで合意し、次に欧州全体の対応を探ることを提案した。

中国製品受け入れに前のめりになっている印象を避け、欧州としての共同歩調という筋論で批判をかわそうとしたメルケル首相だが、思惑通りにいくかは分からない。ドイツテレコムが国内政治の動きを見極めるまで判断を留保する意向と一部で伝えられるなど、携帯事業者の対応も単純にいかないかもしれない。欧州最大の経済大国であるドイツの動向は、ＥＵ全体の判断に大きな影響を与えるだろう。

メルケル首相は『フィナンシャル・タイムズ』とのインタビュー（２０２０年1月16日付）で５Ｇ問題について、すべての通信機器業者への安全要件を厳しくし、「1つの企業に依存することがないよう」供給元を分散すべきだが、「単純にだれかを排除するのは間違っていると思う」と語っている。

ファーウェイ製品の全面排除を見送った英国のジョンソン政権も、使用に制約を課すことに神経を使ったことが伺える。英政府の発表によると、ネットワークの中核部分から除外することに加え、周辺機器でも35％を使用の上限とし、核関連施設や軍事基地では使用を認めない。35％ルールを守るため、既存設備の一部を他社製品に交換せざるをえない通信会社もあると報じられた。

ＮＡＴＯでも議論に

トランプ政権は、ファーウェイ排除で米国と足並みをそろえるよう欧州に圧力をかけてきた。

日本経済新聞が伝えたものから拾うと、2019年4月にはストレイヤー国務次官補代理が「信頼できない製品を採用すれば米国との情報共有を再考する」と述べ、欧州との関係見直しを警告した。ポンペオ国務長官もロンドンで5月にハント英外相との会談後、5Gで安全性が保てなければ「確かな情報を分け合うのは難しくなる」と語った。5月にはベルリンも訪れ、マース独外相との会談後、ファーウェイを排除しなければ情報共有の制限もあり得るとの考えを示した。

エスパー米国防長官も2019年10月のNATO国防相理事会後の記者会見で、5Gに関し「同盟国は長期的なリスクを注意深く考慮すべきだ」と慎重な対応を求めた。英国が2020年1月にファーウェイ製品の限定的な使用容認を発表すると、米国防総省の報道官は「英国が別の道を選ぶことを望んでいる」と述べて再考を促した。

米国からの執拗な要請が続き、欧州側でもリスク意識が高まるなか、2019年12月のNATO首脳会議は中国問題を初めて本格的に取り上げた。もともとソ連に対抗する米欧の軍事同盟として発足し、冷戦終結後も欧州の地域紛争やアフガニスタン、ロシアなどへの対応が主要テーマだったNATOにすれば異例のことだ。

5G問題に限らず、サイバーセキュリティ全般や宇宙の軍事利用、米ロの核軍縮問題と中国の核軍備との政治的連動性の高まりなど、中国が欧州にとっても安全保障問題を語る際に欠かせない存在になったことを意味する。

首脳会議が発表したロンドン宣言は「5Gを含む通信の安全性確保にコミットする」と表明し、NATOとして中国製品採用に伴うリスクを意識していることを明確にした。具体的な対応策は打ち出さず一般論にとどまった印象はぬぐえないが、米欧間の議論と調整の場としてＮＡＴＯがどう活用されていくのか、注視していく必要がある。

４　欧州が直面する３つの綱引き

包括的アプローチ目指せるか

５Ｇをめぐる中国企業の扱いが欧州にとって難題となった理由をあらためて整理すると、いくつかの綱引きが着地点を見えにくくしていることが分かる。

①経済とセキュリティ（安全保障）の綱引き

５Ｇの技術面や導入コストの点からは、ファーウェイの優位性は高いとされる。既存の４Ｇで中国製品を導入済みの携帯事業者であれば、他社に乗り換えるコストを含めればさらに差は広がるだろう。他方、通信網のセキュリティは、個人や企業だけでなく国家の安全保障にもかかわる問題だ。厄介なのは、そうしたリスクを完全に把握しきれず、両者をてんびんにかけるのが難しい、あるいはてんびんにかけること自体がなじまない点にある。

②米国と中国の綱引き

欧州は米国から５Ｇで中国製品を排除するよう再三促されているが、米国は通信関連にとどまらず先端技術全般で中国と覇権争いを繰り広げている面がある。米中対立の大きな構図のなかで米側につくよう求められれば、最後は政治判断の問題になるだろう。

この2つの綱引きに加え、欧州と中国との関係ではしばしばもう1つの綱引きが浮上する。

③欧州域内の綱引き

欧州のなかでも中国マネーへの依存を高めている国や、中国市場で高い売り上げを持つグローバル企業などの親中姿勢は根強い。一方、企業向け補助金や知的所有権の問題で不満を持ったり、中国企業による欧州企業の買収を不安視したりする企業関係者や政策当局者、政治家は対中警戒心を強めている。

独仏やEUの当局者は中国への基本姿勢を硬化させてきているが、中東欧や南欧諸国には中国との関係に前向きな国が目立つ。

こうした綱引きが複層的に絡むため、欧州の対中姿勢の行方を予想するのは簡単ではない。例えば数年前から親中姿勢を修正してきているドイツにしても、2019年の後半にかけて振り子が再び融和の方向に振れてきたと見る欧州の論者もいる。ドイツ経済の減速もあり、中国ビジネスに熱心な大企業がメルケル政権に圧力をかけているという。かりにドイツがその方向に戻れば、綱引きのうち経済の引く力が強まったことを意味する。

EU離脱後の英国が独自の対外経済関係を探るなかで、中国とどのような関係を取り結ぼうとするかも大きな注目点だ。

安全保障サイドからの引く力の強まりという点で、前述のように2019年12月のNATO首脳会議が中国問題を初めて取り上げたことは注目に値する。中国が軍事的・政治的パワーとして強力に台頭する一方、安全保障の対象がサイバー空間などに広がるなかで、欧州も中国を安全保障分野での重要なプレイヤーとして真剣に意識するようになった。

紆余曲折はあれ、大きな流れとしては今後、EUは中国への対応を経済関係偏重から、より包括的でバランスを意識したアプローチに変えていこうとするだろう。その成否は、米中両国の振る舞いがどう展開していくか、そして欧州域内の足並みの乱れをいかに食い止められるかといった点にかかってくる。

日欧に連携強化の余地

日本は、そうした欧州の対中関係を戦略的な視点で見ていく必要がある。

日本と欧州には、いくつもの共通点と相違点がある。共通するのは、安全保障や人権問題など幅広い分野で類似した価値観を持ち、中国の一党独裁の国家資本主義体制に違和感を抱いている点、米国と緊密な同盟関係にある点、その一方で米国のように中国とグローバルな覇権を争う意識が基本的にない点などだ。

相違点は、日本は中国と地理的に近接し、文化や歴史的なつながりが深いこと、外交・安全保障面などで地政学的な影響を受けやすいこと、植民地支配と戦争に伴う歴史認識の問題を抱えていること、安全保障面での対米依存度が欧州以上に高いことなどだろう。

共通点と相違点を踏まえたうえで、日本は欧州と連携できる点は積極的に連携しながら対中関係と対米関係を適切に管理していくことが重要だ。欧州はトランプ政権の米国とは微妙な関係が続いており、その反動ともいえるかたちで日本との関係強化を進めた。膠着状態にあった日本とEUの経済連携協定（EPA）が急速にまとまり、2019年2月に発効にこぎつけたのもその一環の面があった。

欧州はいま日本を、米国や中国との関係を補完したり、時には牽制したりするうえで有益なパートナーとみている可能性が高い。第2次世界大戦後の日欧関係史のなかでも異例といえる局面だ。日本への関心を強めているいまを好機ととらえ、欧州との連携を深めていかない手はない。

安倍晋三首相は2019年9月にEU本部のあるブリュッセルを訪れ、「持続可能な連結性及び質の高いインフラに関する日EUパートナーシップ」という文書に署名した。アジアとの間で運輸やデジタルネットワークなどの結びつきを深めるEUの戦略に関連して、相互に協力し合うことを約束したものだ。

日本は米国とともに「自由で開かれたインド太平洋」構想を推進している。欧州との連携は日本の外交戦略の幅を広げ、ひいては企業のビジネス環境を改善することにもつながり得るだろう。米中2大国の派手な動きだけに目を奪われることなく、複眼的な発想で考えていくことが求められている。

【本章のポイント】

- 欧州は地理的に中国から遠く、安全保障面で脅威を感じる度合いは低かった。急成長する巨大市場への魅力から経済関係拡大に積極的で、とくにドイツは自動車をはじめ産業界の接近ぶりが目立った。しかし、そうした蜜月状態にも2016年ごろを境に変化が生じ、対中警戒感が台頭してきている。

- 欧州側の懸念には、重要な企業が買収されるリスクや技術移転の強要といった米国と共通するものに加え、一帯一路構想で欧州の一部の国が中国に取り込まれることへの不安がある。ただ、EU加盟国の間には中国への対応に温度差があり、足並みはそろいにくい。
- 5Gをめぐる米欧間の摩擦は、中国に対する両者の姿勢の違いを象徴的に示した。しかし、欧州でも安全保障上のリスクを重視する声は強まっており、中国との新たな距離の取り方を模索する段階に入った。日本は欧州と利害の一致する部分で連携を強めていくことが有益だ。

【参考文献】

（和文）

田中素香（2019）「分岐点に立つ『16＋1』プロジェクト――東ヨーロッパにおける『一帯一路』戦略の現況」『経済学論纂』第59巻第3・4合併号、2019年1月15日、中央大学

東野篤子（2019）「ヨーロッパと一帯一路――脅威認識・落胆・期待の共存」『国際安全保障』第47巻第1号、2019年6月、国際安全保障学会

林大輔（2018）「諸外国の対中認識の動向と国際秩序の趨勢⑥対立と協調のはざまで――欧州の対中認識：EUとドイツ・イギリスを中心に」『China Report』Vol．20、2018年3月30日、日本国際問題研究所 https://www2.jiia.or.jp/RESR/column_page_pr.php?id=291

『日本経済新聞』『Financial Times』『The Wall Street Journal』『ロイター通信』

（英文）

BDI, "Partner and Systemic Competitor—How Do We Deal with China's State-Controlled Economy?" January 2019

European Commission and HR/VP contribution to the European Council, "EU-China — A strategic outlook," March 12, 2019

European Commission and High Representative of the Union for Foreign Affairs and Security Policy,"Connecting Europe and Asia—Building blocks for an EU Strategy," September 19, 2018

European Union External Action, "EU-China 2020 Strategic Agenda for Cooperation," November 23, 2013

第 8 章

米中「冷戦」下の日本のルール形成戦略

米政策への対応と対中アプローチ

國分 俊史（多摩大学大学院教授、ルール形成戦略研究所所長）

日本のルール形成戦略案のポイント

戦略政策	ルール形成戦略
米国の影響力を拡大させるインフラ開発の推進	A）同盟国と米軍が利用する軍民両用インフラの質を定めるルール形成
日本的な民主主義社会を志向させる住民参加型の都市運用の浸透	B）インフラから得られる災害予測情報を軍・警察・消防・自治体と共有するルール形成
	C）アジアのサプライチェーンに含まれる現地企業に日本型 CSR（企業の社会的責任）活動を義務付けるルール形成
欧州のプライバシーを重視する社会制度を普及	D）GDPR（一般データ保護規則）と「情報銀行」を普及させるルール形成

出所：筆者作成

1 ルール形成戦略の総論

国防は経済に優先するという思想

米中「冷戦」の時代においては、「国防は経済に優先する」という基本思想の下、両国がルールの再構築を仕掛け合うなかで企業はグローバル経営戦略を構想することが強いられる。

自由貿易の概念を打ち立てたアダム・スミスは、1776年に上梓した『国富論』のなかで「国防は経済に優先する」と説き、船舶の運航管理能力を強みに海洋支配国家として台頭し始めたオランダを封じ込めるため、英国が1651年に制定した航海条例を高く評価していた。

同条例には英国またはその植民地に輸出する際、船主、船長および船員のうち4分の3が英国人、もしくは輸出品製造国の船舶で、かつ、船主、船長および船員が製品製造国の出身者であれば認めるという条件を課し、オランダの優位性を切り崩した。

2019年8月13日から施行され、日本でもようやく理解が深まり始めた米国の国防権限法（NDAA）は1961年から超党派で毎年度改定され、NDAA2019は安全保障政策を起点とした米国による新たなルール形成戦略と位置づけられている。

当然、国防は経済に優先するという認識のもと、一時的な非効率を企業に強いることもいとわないという決意にもとづいており、真の自由経済を勝ち取るための過渡的な変化と位置づけている。筆者は折に触れて米国の対中政策の根底にある精神をこのように解説してきたのだが、著名な外交論文誌である『フォーリン・アフェアーズ』が２０１９年7月、ニッキー・ヘイリーによるこれを裏付ける論文を掲載した。

ヘイリーは、サウスカロライナ州下院議員、知事を経てトランプ政権で国連大使を務め、次期大統領候補としても注目された。ヘイリーは「米中冷戦は避けられない――貿易と安全保障（How to Confront an Advancing Threat From China: Getting Tough on Trade Is Just the First Step）」と題した論文のなかで、「政府の民間ビジネスへの干渉は良いことだとは思わない。しかし、国家安全保障を市場経済政策よりも重視しなければならない。アダム・スミスも『国富論』で英国にとって海軍の優位を維持する利益の方が、海洋部門の自由貿易による利益よりも重要だとし、『国防には豊かさ以上の価値がある』と指摘している」と述べた。

問題は過渡的な冷戦期間の長さであり、米国は20年間という幅で中国との覇権争いに突入している。軍事力のみでなく、秩序の覇権争いも含めており、米ソ冷戦が資本主義と共産主義の争いであったのに対し、米中冷戦は民主主義と権威主義、資本主義と国家資本主義、自由主義と監視社会といった複合的な思想の戦いである。

欧州は１６１８年から１６４８年にわたる30年戦争によって宗教戦争に終わりを告げ、ウェストファリア条約によって主権国家の概念を獲得した。第2次世界大戦後の東西冷戦が１９８９年まで約45年間を要したことを考えれば、20年間は短いくらいである。

エコノミック・ステイトクラフトの時代

米国防権限法が大きく改定された問題意識には、中国が巧妙に展開しているエコノミック・ステイトクラフト（ＥＳ：Economic Statecraft）への危機感の高まりがあった。ＥＳとは「経済をてこに地政学的国益を追求する手段」であり、その分野は「貿易政策」「投資政策」「経済制裁」「サイバー」「経済援助」「財政・金融政策」「エネルギー政策」――の7分野で構成されている。

ＥＳへの対応戦略構想は、オバマ政権から始まっていた。２０１６年にはハーバード大学出版会から *War by Other Means* という書籍が上梓され、中国のＥＳ分析にもとづき米国政府は安全保障と経済をより能動的に組み合わせるべきとの提言が行われた。

この書籍の執筆者の１人であるロバート・ブラックウィルは、キッシンジャー元米国務長官やジョージ・Ｈ・Ｗ・ブッシュ元大統領の特別補佐官などを歴任し、現在は『フォーリン・アフェアーズ』発行元の外国問題評議会で上級研究員を務めている。筆者は２０１８年に著者の執筆チームの１人とワシントンで議論したが、ＥＳは14年には既に概念化されていたという。

驚くべきは、戦争状態と認識されないサイバー攻撃はＥＳとして他国の経済力を低下させる手段として検討することも一案と記されていることである。

２０１７年11—12月号の『フォーリン・アフェアーズ』では、オバマ政権時に国務省政策企画本部で経済制裁担当リード・エキスパートを務めたエドワード・フィッシュマンが「オバマ政権は歴史上、最も経済制裁を多用し、世界は経済戦争時代に突入していると米国政府は認識しており、戦争と平和の間のグレーゾーンとしてより強力な経済戦争を確立する必要がある。そのためには同盟国と連携した経済制裁の体制づくりが今後重要な政策となる」と提言した。

２０１８年1月末には、シンクタンクの戦略国際問題研究所（ＣＳＩＳ）の *Meeting the China Challenge* というレポートで中国のＥＳ戦略に対抗するために外資規制の見直しの必要性など幅広い論点が提示された。

投資政策と経済援助を組み合わせた中国の「借金漬け戦略」も、その拠点の増加に従って騒ぎが大きくなってきている。オーストラリアのダーウィン港、ギリシャのピレウス港、パキスタンのグワダル港、スリランカのハンバントタ港、ジブチのドラレ港など戦略上の要所にある港湾設備では中国企業への運営権譲渡や長期の利用権の付与、開発プロジェクトの進展が相次いで報じられた。

そのため、米国はサイバー攻撃による知財窃盗だけでなく、ビジネス取引を悪用した財務リスクの発生やサイバー攻撃による企業価値の下落で株価を操作して実現する企業買収、借金漬けにして重要なインフラを獲得するなど、特定の企業や港などを攻撃・奪取するタイプのＥＳを看過できなくなった。

ピーター・ナバロ米大統領補佐官（通商担当）は、２０１８年末にCＳＩＳでのスピーチで「安全保障は経済安全保障だ」と連呼した。ナバロの就任前の著書『米中もし戦わば――戦争の地政学』では、中国がサイバー攻撃など、なりふり構わぬ方法で米国を追走するスピードを遅らせることを戦略軸にすべきと論じた。米国と中国のどちらが勝つかという議論の仕方ではなく、中国が正当なルールに則った経済活動による成長へと是正させるため、一時的な混乱を許容すべきという主張だ。

米国の国家安全保障会議（NSC）や国家経済会議（NEC）などは、個別企業のリスク情報や対象国の政府に影響を及ぼすために制裁対象として有効な個人・企業の情報を地球規模で集めている。米国のNECのメンバーと話していて痛感するのは、「ピンポイントで経済制裁を行って相手の考えを正すことにより、国家間の大きな戦争への発展を止める」という意識を明確に持っていることだ。

2 国防権限法という新ルールへの対応

国防権限法と関連制度が強いる経営改革

米国市場でビジネスを行う企業は、国防権限法と合わせて、安全保障への問題意識の高まりを受けて様々な行政機関がおのおの所管する法律の改定や運用の見直しに着手していることを理解する必要がある。過去から改定が進められてきた連邦調達規則や連邦規則、州レベル進められている個人情報保護法の改正、連邦取引委員会の摘発理由の変化など、広い視野でルール形成を捉えて経営改革要件に解釈することが必要だ。

図表８－１　2019年度の国防権限法と関連法のポイント

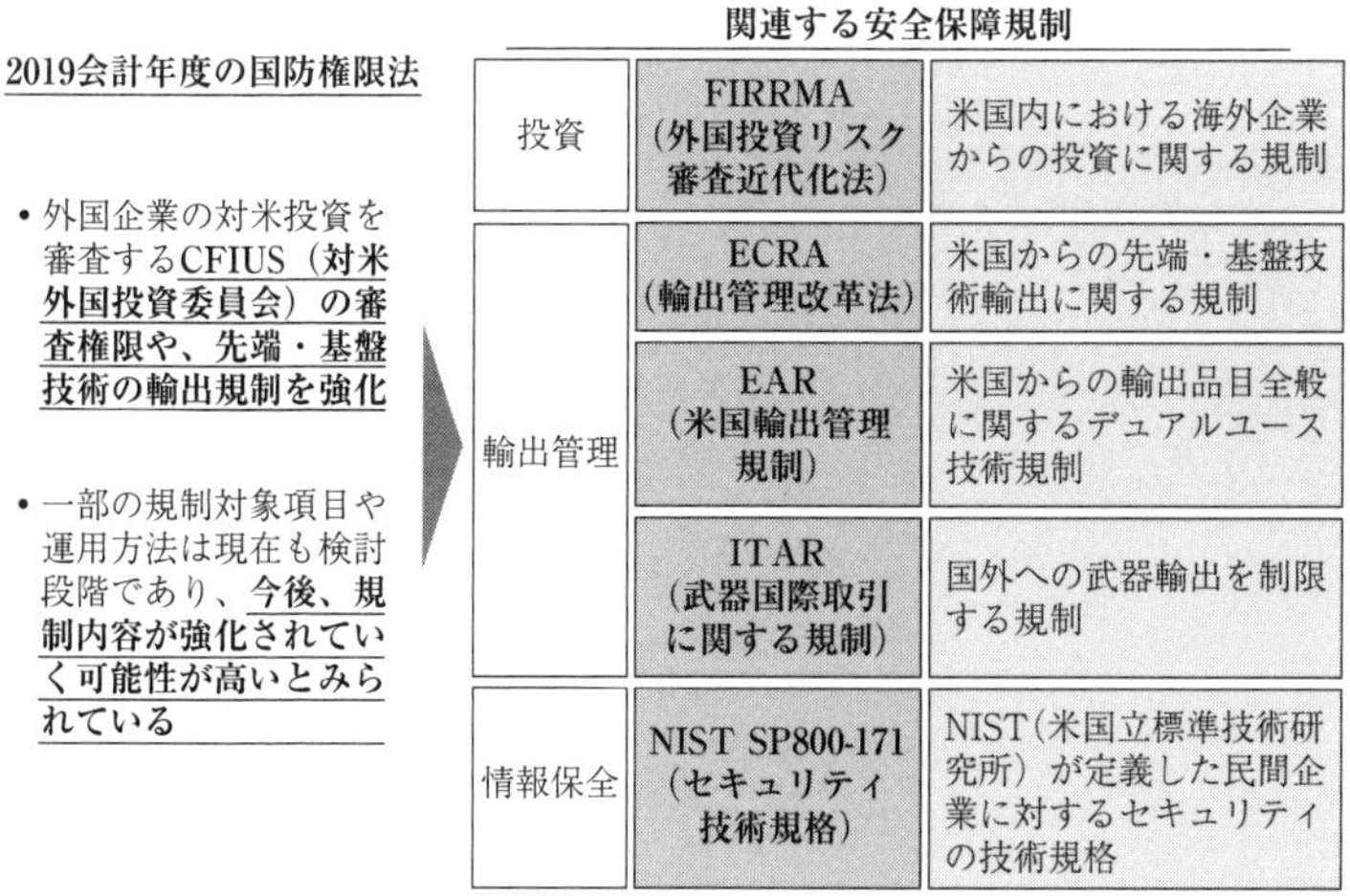

2019会計年度の国防権限法	関連する安全保障規制		
	投資	**FIRRMA**（外国投資リスク審査近代化法）	米国内における海外企業からの投資に関する規制
・外国企業の対米投資を審査するCFIUS（対米外国投資委員会）の審査権限や、先端・基盤技術の輸出規制を強化	輸出管理	**ECRA**（輸出管理改革法）	米国からの先端・基盤技術輸出に関する規制
		EAR（米国輸出管理規則）	米国からの輸出品目全般に関するデュアルユース技術規制
・一部の規制対象項目や運用方法は現在も検討段階であり、今後、規制内容が強化されていく可能性が高いとみられている		**ITAR**（武器国際取引に関する規制）	国外への武器輸出を制限する規制
	情報保全	**NIST SP800-171**（セキュリティ技術規格）	NIST（米国立標準技術研究所）が定義した民間企業に対するセキュリティの技術規格

出所：筆者作成

２０１９年度の国防権限法と関連法の概要は図表８―１の通りだが、法改正や制度運用の変化の意図を国家安全保障の文脈で捉え、今後の論点を的確に先読みし、経営システムにメカニカルに落とし込める企業とそうでない企業では、20年後の状況が全く異なっているだろう。

日本企業は範囲を最小に限定して他社の動向をうかがう傾向があるが、安全保障目的で米国が追及を始めた場合、「他社はここまでしかやっていなかった」という理屈が許されることなどあり得ないと強く認識しておくべきだ。

２０１９年度国防権限法に対応する際には、同法に直に追加された条文に加え、外国投資リスク審査近代化法（ＦＩＲＲＭＡ）、輸出管理改革法（ＥＣＲＡ）、輸出管理規則（ＥＡＲ）、国際武器取引規則（ＩＴＡＲ）、大統領令13556、連邦調達規則（FAR）、連邦規則集（CFR）、連邦取引委員会など、多様な政策のつながりを理解することが必要となる。

研究開発体制の再構築

今回のECRA成立によって拡大されたEARへの準拠は、大変困難である。多くの民間企業が軍事利用からは遠いと思っていた技術が対象となっており、そのほとんどが研究開発段階にある。この10年間、企業はオープンイノベーションの実現に向けた開放的なアライアンス（協力・連携）や情報交換を促進する体制を構築し、意図的とも言えるカオスの状態を作り出して創発型のイノベーションを模索していた。

オープンイノベーションにEARのルールを適用させるには、研究開発過程の再構築が急務となる。見過ごしてはならないのが、事業化に至らなかった技術情報の管理だ。自社にとって重要ではなくなっても、中国に流出することは許されない技術情報については、削除まで含めた情報管理の徹底を図ることも不可欠になる。

研究開発段階では様々な企業や大学、研究機関から技術提案を受けるが、受信したメールの添付ファイルに記述された技術情報・デモ動画を参考情報として自社の中国法人の研究者に転送することは許されない。電子メールの送信先に安易にCCで人数を追加することも技術情報漏洩になりうることから、社内でのコミュニケーションや先端技術開発に関する会議体も再設計が必要になる。また、技術情報にアクセスする者の出張履歴の保存や情報システムの閲覧権限も厳格化することが必要になるだろう。

情報システムの再構築

国防権限法889条では、2019年8月13日から米国政府機関に対して中国企業5社(華為技術＝ファーウェイ、中興通訊＝ZTE、杭州海康威視数字技術＝ハイクビジョン、浙江大華技術＝ダーファ・テクノロジー、海能達通信＝ハイテラ)が提供する通信・監視機器やサービスそのものと、それらのいずれかを実質的・本質的に利用している機器の購入・取得・利用契約およびその延長・更新を禁止した。

具体的にはサーバー、ルーター、スマートフォン、通信サービス、ビデオ監視サービスが対象となっており、今後の国防長官、FBI長官らの協議によっては中国に「所有／支配／関係」していると合理的に認められる企業の同様の機器・サービスの購入、利用の禁止も規定されており、「支配(control)／関係(connect)」は広く解釈され得ると報じられている。

1年後の2020年8月13日以降は米政府機関と直接取引していなくても、そこに納入される製品用のシステムや部分品を納めている2次、3次サプライヤーの場合も、その納入企業から右記の中国企業の部品、システムを利用しているかどうかの確認を求められ、利用していれば取引できなくなる可能性が大きいとされている。

米国または米国政府と取引している企業との間で取引を継続するには、日本企業は自社およびサプライチェーンから2020年の8月13日までに前記5社の製品およびサービスの利用を取りやめることが不可欠となる。５社の製品を取り外して他の用途が見つからなければ、企業は除却損を計上する必要が生じる。

さらにつなげて考えるべき問題がある。大統領令１３５５６の内容は、ＥＡＲで指定された新興技術情報の管理を米国立標準技術研究所（ＮＩＳＴ）が定めるサイバーセキュリティの技術規格であるＮＩＳＴ ＳＰ８００—１７１での保全を求める関係にある。これを理解している企業は皆無と言っても過言ではない。ＥＡＲとＩＴＡＲで定義された技術情報は、大統領令で管理すべき重要情報（ＣＵＩ：Controlled Unclassified Information）に位置づけられているのがその理由だ。

米国は２０１０年にオバマ政権がＣＵＩを各省庁に指定させる大統領令を出し、米国の各省庁は政府が保有している情報だけでなく、米国の産業競争力に資する企業が保有する情報までＣＵＩの指定対象とした。その後、米国は、２０１５年からＣＵＩに指定された情報をＮＩＳＴ ＳＰ８００—１７１という技術規格で構成された情報システムで管理することを義務付ける連邦調達規則を制定した。

ＮＩＳＴに準拠するシステム構築に際して米大統領令１３５５６では、ＮＩＳＴがホワイトリストとして推奨する情報機器からの選定を求めており、ブラックリストに入っている製品を使えば善管注意義務違反になる恐れが高い。例えば、複写機で推奨リストに入りそうな日本企業は、現時点で筆者が把握している限り１社だけだ。

サプライチェーンの再構築

米国ではこれまで中国製品にはバックドア（裏口）が仕掛けられている可能性があると繰り返し報道されているが、その証拠が見つかったという報道はない。ただし、米ブルームバーグは2018年10月4日、中国の工場で製造されたサーバー用のマザーボード（主基板）に中国軍がバックドアとして利用することを狙った超小型マイクロチップが密かに仕込まれ、アマゾンやアップルを含む米国企業約30社に納入されたサーバーに搭載されていたと伝えた。

この報道について、当事者と米政府からは内容を否定する声明が出されたが、情報通信機器の製造サプライチェーンへのリスク喚起に大きな影響力を発揮した。米国政府は、中国企業の排除だけでなく、「中国で製造された製品」の利用を禁止する大掛かりな調達基準を検討している可能性が高いと捉えるべきだろう。

個人情報管理レベルの抜本的な底上げ

米国が個人データの取得・利用において規制づくりに反対しているという認識は、もはや過去である。ＧＡＦＡ（グーグル、アップル、フェイスブック、アマゾン）は既に、欧州連合（ＥＵ）の個人情報保護法であるＥＵ一般データ保護規則（ＧＤＰＲ：General Data Protection Regulation）の対応を完了している。

米国では個人情報の管理ルールとして、技術規格ではＧＤＰＲよりも厳しいプライバシーフレームワークという名のベストプラクティスをＮＩＳＴが策定しており、先に述べたＳＰ８００―

171よりもさらに高い技術規格であるNIST SP800—53を整備した。

その理由は、米国民の1・3%が国家機密を扱う資格であるセキュリティ・クリアランスの保有者であり、100人の顧客データを保有した段階で国家機密取扱者が1人は含まれる可能性を有するためだ。国家機密にアクセスする資格を持つ人々の個人情報が漏洩すれば、それを悪用してスパイ活動を強要する手段に用いられるリスクが生じる。

事実、国防権限法の下で強化された外国からの投資を審査する対米外国投資委員会(CFIUS)は、機微な情報を扱う人の個人情報の保有状況についても厳しく審査し始めている。

さらに、米国では個人情報管理を厳格化する法律の導入を10を超える州が独自に検討していると報じられている(2019年10月14日『日本経済新聞』)。同年10月11日にカリフォルニア州は「カリフォルニア州消費者プライバシー法(CCPA：California Consumer Privacy ACT)を制定し、2020年1月から施行することが決まった。

CCPAは「年間売上高が2500万ドル超」「5万人以上のカリフォルニア州の住民の個人情報を処理」「年間売上高の50%以上を個人情報の販売で稼いでいる」のいずれかの要件を満たす企業を規制の対象にし、違反した場合は最大で1件当たり7500ドルの罰金が科せられる。「1件当たり」の意味が個人情報1名分なのかは、現時点では定かではない。日本では、個人情報が漏洩した場合の消費者に対する謝罪が500円で行われた過去の事例から、これを踏襲する企業が多い。7500ドルを仮に1ドル＝110円で計算すると82万5000円であり、日本の相場の1650倍に相当する。これにもとづくと、最低顧客データ数である5万人分が流出し、

1件当たり7500ドルが科せられた場合の賠償金は、412億円にもなる。

環境規制と同様、カリフォルニアの州法は米国の標準になる可能性が高く、他州も同様の規制を導入する可能性が極めて高いと見るべきだろう。

米国人の個人情報が漏洩した場合には、米国政府が妥当と判断するセキュリティ技術水準に比して低いレベルの情報システムで管理していると、経営陣は善管注意義務違反を問われる可能性が高まっていることは深刻だ。欧米の個人情報漏洩に対する制裁金を逆手に取り、制裁金による倒産・財政難に追い込む目的のサイバー攻撃が仕掛けられるリスクも企業は考慮しておくべきだ。

電子証拠保全体制の構築

近年、米国市場で情報機器を販売する際、セキュリティの品質が高いと自ら標榜している場合に米連邦取引委員会が調査・審査し、同委員会が求める情報管理体制を満たしていないと評価された製品に対して「虚偽広告」の罰金を科す動きが活発になっている。

注目すべき点は、IoT（モノのインターネット）製品を供給する企業に対し、電子情報開示制度（eディスカバリー）に耐久できる仕組み）の導入を企業に求めていることだ。

その意図は、情報機器を提供している企業が意図的にバックドアを作っていなかったか、セキュリティ上の脆弱性が発見される前のゼロデイ扱いの情報が意図的に漏洩されていなかったか、セキュリティ上の脆弱性が報告された後の対応において意図的なタイムラグがなかったか――などスパイ活動と過失の証拠を保全させることにある。

そのため、ログの削除・捏造を防ぐために電子証拠の保全措置が2006年から法制化された。具体的には、連邦民事規則（FRCP：Federal Rule of Civil Procedure）におけるeディスカバリーで定義されている電子情報開示参考モデル（EDRM：The Electronic Discovery Reference Model）に従って保存された電子情報のみが証拠として使われることになった。

日本企業のeディスカバリー対策率は極めて低く、同様の国内法が日本には存在していない。この法制の意図を理解していないため、日本企業のeディスカバリーに対する認識は訴訟を効率的に行うためのツールに限られている。

今後、eディスカバリー対策をしていない企業は、証拠捏造リスクのある企業として米国で信頼を失うリスクも高まりかねないため、eディスカバリー対策が不可欠になるだろう。同時に、IoT製品の開発拠点としての信頼性を担保するために、日本政府も電子証拠保全を担保する法整備を急ぐことが必要だろう。

情報機関との関係構築

国防権限法の改定によって日本企業が新たな対応を求められる活動の1つに、情報機関との連携がある。日本企業がこれまで蓄積を怠っていた分野であり、日本企業にとっては文化・社会的な改革も必要になる。

米国企業における情報機器の製品開発プロセスは、安全性を強固にするために研究開発過程にサイバー攻撃活動を組み入れている場合が少なくない。米国国内はもちろん、イスラエルなど海外にも研究開発拠点を構えて他国への攻撃を行い、実践的な攻撃ノウハウを蓄積し、それをセキュリティ対策に反映させることがもはや常識だ。

加えて、製品開発から市場に出すまでの間に、米国では連邦捜査局（ＦＢＩ）、中央情報局（ＣＩＡ）、国防総省、国土安全保障省などの機関によって徹底的なサイバー攻撃が行われ、脆弱性を克服してから製品が市場に投入される。

日本は、企業が自社でセキュリティを確認するだけであり、警察や自衛隊が個別企業の新製品のセキュリティを安全保障の視点からチェックすることがあり得ない社会だ。

日本企業は米国で長年ビジネスをしてきているが、米国の情報機関とはまったくといってよいほど連携してきていない。実は、日本企業は情報機関と接触を持ちたがらないという体質的な課題を、古くから米国防総省などは指摘してきていた。

セキュリティ品質が重要となったＩｏＴ時代、情報機関がセキュリティ上の脆弱性の有無を検査した製品と自社でしか検査していない製品があれば、前者の方に信頼を感じることは明らかである。

「この自動運転車には米国防総省とＦＢＩに蓄積されたサイバー攻撃の情報を活用し、日本の自動車をはるかに上回る量の検査が行われているので日本車よりも安全である」と説明された場合の顧客の心理は、容易に想像できるだろう。

米中の冷戦は企業の情報セキュリティに対する取り組みを包括的に改め、流通・購買をセキュリティの観点から規制する構造変化を生み出すだろう。情報機器の開発と安全性の検査に情報機関を巻き込むことは豪州でも始まっており、米国だけでなく今後世界各国で常態化する。サイバーリスクを低減するために、各国企業が輸出前に自国の情報機関による事前検査を受ける形が広がる可能性が高い。

おとり捜査体制の構築

技術情報の流出を24時間態勢で防ぐために、米国からは「おとり捜査」の能動的な受け入れが求められる可能性が高い。

例えば、2018年に中国情報機関の工作員が米ゼネラル・エレクトリック（GE）傘下のGEアビエーションなど航空宇宙関連企業の機密情報の窃盗の疑いで逮捕された事件。報道によると、GEアビエーションはFBIに相談しておとり捜査員を迎え入れ、最終的にFBIとベルギー警察が連携して逮捕した（2018年10月11日ロイター通信が報道）。こうした事例は、枚挙にいとまがない。

おとり捜査を導入することの重要性は、最先端の技術情報を持ち出した人物が中国に渡る前に逮捕し、未然に流出を止めることにある。社員が技術情報を持ち出すリスクを完全になくすことは経営者にとって不可能であるが、技術情報が社外に持ち出されるリスクと、その情報が中国に流出するリスクはまったく性質が異なる。

後者は安全保障環境を変えるリスクであり、経営者の最善の行動は、警察に協力して2次被害である安全保障環境への悪影響を未然に防ぐことだ。別の言い方をすれば、協力を依頼して捜査機関へと責任を委ねることにより、経営陣が善管注意義務違反に問われるリスクを低減させられる。

日本企業はおとり捜査を能動的に受け入れることに慎重だと複数の米政府高官が話しており、こうした姿勢は今後問題になるだろうと筆者に語った。疑惑の段階で捜査機関に相談し、おとり捜査を始める組織文化を作り上げ、最新の技術情報が中国に流出することを未然に防ぐ情報管理体制の構築が求められている。

3　日本が推進すべきルール形成戦略の試案

対中戦略としてのルール形成

米中が「新冷戦」に突入したという認識が世界で広がっているが、米ソ冷戦時代の戦略方針であった「封じ込め」(Containment)といった大戦略は、まだ米国でも描かれていない。だが、大きな概念には昇華はしていないが、政策担当者の声を様々な角度から拾い上げると、共通するキーワードが浮かび上がってくる。

1つは、デジタルインフラの普及をてこにした中国の「国家監視資本主義」の侵食速度をいかに減速させるか。もう1つは、いかにアジア・アフリカの経済が中国一極に依存しない状態にするかだ。

これらの問題意識を前提とした場合、日本が考え得る対中戦略としては、中国の勢いを押し戻し、地域に多様性を生み出すことを戦略目標とする「プッシュバック・アンド・ダイバーシファイ（Push back and Diversify）」政策が一案として有効と考える。

プッシュバックは「押し戻す」という意味だが、米国の政策担当者と話しているとプッシュバックと言いつつも、彼らはそれが現実的だと思っていないと強く感じる。真意は押し戻す勢いで力を投射することにより、結果として中国の侵食速度を減速させることだと感じる。

ダイバーシファイは「多様化する」という意味だ。安全保障に投じられる予算が米国に比して小規模な日本においては、最初から「減速と多様化」という言葉に置き換えて政策を構想する方が思考の幅が広がると考える。

侵食速度の減速は、議論する間もなく一部の人間の利害によって政策が決定され、問題意識が多くの国民に芽生えた時には後戻りできない状態に陥る最悪の事態を回避するうえで有効だ。

また、「多様化」の実現には、生活水準を向上させる過程において、中国的な効率性を重視し過ぎる開発手法を最善とは評価しない民主的な制度を望む声を増やすことが有効だ。

「減速と多様化」政策を推進するために、より具体的な政策目標の設定とそれを実現するためのルール形成戦略が必要になる。以下、一例として3つの政策目標の実現に向けた4つのルール形成戦略の試案を紹介する。

図表 8－2　日本のルール形成戦略の試案

政策目標		ルール形成戦略の例
①米国の影響力を拡大させるインフラ開発の推進	アジアに展開される米軍の資源と社会インフラの接続を作り出すことで、米国による安全の恩恵を実感する市民を増加	A）同盟国と米軍が利用する軍民両用インフラの質を定めるルール形成
②日本的な民主主義社会を志向させる住民参加型の都市運用の浸透	政策形成過程に住民が参加する機会を根付かせることで権威主義による支配への嫌悪感を醸成する	B）インフラから得られる災害予測情報を軍・警察・消防・自治体と共有するルール形成
		C）アジアのサプライチェーンに含まれる現地企業に日本型CSR活動を義務付けるルール形成
③欧州のプライバシーを重視する社会制度の普及	個人情報に対する意識を高め、監視社会に対する嫌悪感を醸成する	D）GDPRと「情報銀行」を普及させるルール形成

出所：筆者作成

ルール形成戦略A

米国は2011年にリバランス（再均衡）戦略を発表し、太平洋と大西洋で50対50で配分していた軍事的資源を、アジアへの比重を高めて60対40にシフトさせる方針を打ち出した。リバランス戦略の発表を受けて、CSISなど米国のシンクタンクでは具体的に、どのような海域に潜水艦や空母の配備を何隻増加させ、どの港に寄港させるべきかを検討したレポートが作成された。

実は、この情報がインフラ輸出戦略に直結する。例えば、空母や潜水艦が寄港するには最低でも15メートル以上の水深が必要だが、東南アジアの多くの港は7メートル程度と浅いうえに、収容能力も小さく、艦船が寄港した際に必要な物資補給を行う設備も脆弱な港がほとんどである。

米国ではリバランスの実行に当たって港をはじめとする軍事施設周辺のインフラ開発支援の必要性も議論されており、政府開発援助などを組み合わせたインフラ整備計画も協議された。米軍の寄港や駐留は、その国の軍や港を管轄する自治体との連携を図りながら都市開発を進めることで、米軍だけでなく、その国の軍および産業、ひいては一般国民にも恩恵を生み出すことが可能になる。

米中競争のもとでは、米軍の存在をアジア各国の軍に対してのみでなく、米国の存在が各国民からも強く支持される状態にまで高めることが不可欠だ。中国が軍事能力の他国展開を狙い、低価格でインフラ輸出を積極的に仕掛けている状況を踏まえると、日本は日米同盟の恩恵を輸出対象国に広めるという安全保障面の付加価値を高めることが競争上、有効である。

その実現手段は、米国のサイバーセキュリティ規格であるＮＩＳＴ ＳＰ８００―１７１で設計されたＩｏＴ化した社会インフラを普及させ、この規格を各国軍と米軍が利用するデュアルユース（軍民両用）社会基盤の品質規格にするよう、ルールを形成することだ。

各国軍と米軍が利用する社会インフラを非同盟国に支配させず、サイバーセキュリティ攻撃への対応力を高めるため、軍が利用する社会資本の質を米軍仕様であるＮＩＳＴに準拠させることで質の高いインフラの基準とするのだ。

米国では既に国防総省が中心となってサイバーセキュリティのレベルに応じた企業のランク付

けを行い、ランクごとのグループで会議を開催し、ＩｏＴ製品の開発に有益なセキュリティ・インシデント（事故）情報を提供している。ＮＩＳＴへの準拠度合いが高い企業ほど有益な情報がもらえる仕組みだと、国防総省高官は２０１９年11月下旬に筆者に語った。

日本企業が社会インフラの開発に際して、アジア各国の現地企業にもＮＩＳＴへの準拠を促進させれば、現地のＩｏＴ企業にも製品開発に資する情報提供を促すことが可能になり、アジアのＩｏＴ産業の育成にも寄与できるだろう。

このように、日本企業が米国のサイバーセキュリティの技術規格を質の高いインフラのルールにすることで、米国による安全の恩恵を実感する市民を増やすことが可能となる。

ルール形成戦略B

アジア地域は自然災害だけでなく、テロや分離独立派によるリスクも高いことから、政府がテロや自然災害等への対処に手間取っている間に、独立勢力や武装勢力が国内情勢を混乱させるリスクが高い。災害の混乱に乗じた反政府活動や力による現状変更を防ぐには、災害発生時に自国の軍を迅速に投入し、警察・消防が災害対処業務を効率的に展開できる環境の構築が不可欠である。

米軍は災害発生時に迅速な軍の派遣を可能にするために、ハワイのマウイ島に太平洋災害センター（Pacific Disaster Center）という分析拠点を置き、アジア各国の非政府組織（ＮＧＯ）と連携して各地の気象情報の影響と災害予測をリアルタイムで行っている。

２０１７年3月にハワイの米インド太平洋軍（当時は太平洋軍）を訪問してアジア政策本部に

質問した結果、「被害予測分析を現地のＮＧＯから情報を得て行っているが、情報の精度の低さが課題」「日本が現地の社会インフラの運用を通じて被害予測情報を米軍と共有すれば、米による救助の効率を大幅に高められるため、アジア太平洋地域の安全保障に大きく貢献する」との回答を得た。

実はここに、日本のインフラ整備と運営ノウハウを活かす余地がある。減災において重要なことは、災害予測を地域レベルで詳細に行い、国、自治体、消防、警察、軍が情報を共有して被害を想定し、被害が予想される地域に対する出動準備を迅速に整えることにある。

そこでは、様々な社会インフラによって集められるデータをもとに災害予測データを迅速に分析し、消防・警察・軍と共有できる「情報シェアリング」の仕組みと運用ノウハウが要となる。

アジア各国は自国専用の気象衛星が不足しており、各地域の地質データも未整備なため、地質データと降雨量を組み合わせた各地の土砂災害リスク分析などはまだ十分な精度で行えない。ゆえに、社会インフラの運用を担う企業が降雨量や風速などの気象情報と災害予測情報を多様なステークホルダーに提供するように義務付けるルール形成をすることが、アジアの安定に寄与する。そして日本企業の強みを際立たせることにもつながる。

事実、東京電力や関西電力は、長年にわたって数メートル単位での気象予測や災害予測情報を提供するサービスを展開している。自治体が開催する減災計画会議にも電力会社は警察と共に出席しており、例えば発電用のダムの水位をもとにどの地域に避難情報を出すかなど、地域の減災計画の立案と運用の一翼を担っている。

このように日本で培った自治体、警察、消防、自衛隊との情報連携や街づくりの経験をルール化できれば、経験で劣る中国に対して価格以外の優位性を作り出すことが可能になる。

実は現在、スマートシティの規格を定めるＩＳＯのＴＣ２６８で質の高い火力発電所の運転の在り方を標準化する技術委員会が始まっている。ここでは、インフラを通じて得られる気象データや環境汚染データをリアルタイムで関係者と共有することを目指した条項が日本から提案されており、国際的な合意に向けた協議が進んでいる。

今後、アジアやアフリカにおける都市開発の投融資基準にこうしたＩＳＯへの準拠を条件とすれば、様々な利害関係者が街の在り方や運用について意見を述べる社会システムを広げられる。このように、インフラから得られる災害予測情報を自治体、軍、警察、消防、軍と共有するルール化を目指すことは、結果として住民参加型の街づくりと運用を通じた民主的な社会を支持する基盤を作ることになる。

ルール形成戦略Ｃ

世界に浸透させられる持続可能な開発目標（ＳＤＧｓ）に直結する取り組みが、日本企業には多い。例えば、日本で働く者が見慣れている風景の一部に、オフィスの至る所に配備されているヘルメットの存在がある。総務部門が防災のために準備しているが、これほどヘルメットが配備されているオフィスは世界でも日本にしかない。

日本の大企業の工場の多くでは、周辺地域とともにハザードマップを策定し、備蓄倉庫を兼ね備えた避難所としての役割まで想定している企業も少なくない。地域住民の盆踊り行事などには敷地を開放して企業は地域との交流を行いつつ、地域住民同士の交流の場も提供している。

非常に残念な点は、日本企業がアジアの現地のサプライヤーに対して、こうした活動に取り組ませていないことだ。当然、そのような義務は日本企業に無く、コストにしかならないという認識だろう。

だが、こうした取り組みを浸透させて一般化し、アジアの人件費・管理費を底上げした方が、高コスト構造のなかで効率化に取り組んできた日本企業のマネジメント力は優位性を発揮できる。加えて、これらの活動は日本が提唱する質の高いインフラとは何かを、アジアの一般市民に理解させる手段にもなる。

具体例としてハザードマップを通じて考えてみよう。ハザードマップがアジア各国において日本企業のサプライヤーで作られるようになれば、近隣の山で土砂崩れのリスクが高まった理由を考えるきっかけを与え、自然環境に配慮せずに山が切り開かれ、乱開発が行われていることにサプライヤーやそこに勤める従業員の家族が気づく。

例えばマグニチュード5以上の地震で危険な地域を示す地図を作れば、インフラをあらかじめ整備している企業が日本企業とそれ以外で分かれることに気づく場合もあるだろう。浸水被害のリスクが高い地域で河川の上流にある国の企業が新たなダムを建設していれば、緊急放流時の地域との情報共有が円滑に進まない可能性を織り込むなど、議論は尽きないだろう。

日本企業が導入している労災保険・定期健康検診などの福利厚生制度の普及も有効だ。勤務年数によって貯めたポイントで家族も含め、保養所の利用や予防接種・人間ドックなど日本で浸透している福利厚生サービスの利用がアジアの企業に広がれば、人権が具体的に何を保護するのかを生活を通じて実感させることにつながる。

先に挙げた地元の催事にオフィス・工場の活用を促せば、地元の政治家・行政機関と企業、地域住民の接点が増え、地域社会の形成にも寄与する。日本が産業界で連携し、アジアのサプライヤーに対してこうしたCSR（企業の社会的責任）活動を加点評価したり、日本企業がサプライヤーの現地でのCSR活動を指導したりすることは大きな投資も必要なく、明日からでも可能だろう。こうした取り組みがアジアの企業に浸透すれば、日本企業の質を評価する目線を作るだけでなく、民主的な社会を好む秩序を作り出すことも期待できる。

ルール形成戦略D

中国が一帯一路をてこに猛烈な勢いで浸透させている人工衛星、監視カメラ、決済情報、自動交通システムなどを組み合わせたデジタル監視社会への対抗策として、実はGDPR（一般データ保護規則）の普及は非常に有効だ。

EUが2018年5月25日から運用を開始したGDPRには、個人データの所有権は企業ではなく個人にあり、「忘れられる権利」として個人がデータを保有した企業・団体に削除を強制させる権利が含まれる。人工知能（AI）による、過去のブログでの発言や検索履歴情報などから予測される個人特性にもとづき、個人が評価される「自動化された意思決定」に対抗する権利も盛り込まれている。

こうしたルールは、国民のプライバシーに対する意識を高め、データに支配されない主権の意識を生み出すことにつながる。

ＧＤＰＲが既に導入されているＥＵに、日本が導入した「情報銀行」という概念が加われば、国民は自らが指定する情報銀行に個人データを企業から移動させて多様なデータを1カ所に集めることも可能となる。集めたデータは匿名化し、利用したい企業に提供することで収益を得ることも可能にするのが、情報銀行のコンセプトである。

今後、中国の製品・サービスによって構築されたデジタルインフラに支配された国がＥＵのＧＤＰＲと日本の情報銀行制度を導入すれば、データを保有する企業はその国民の意思にもとづいたデータ管理を強いられる。その結果、デジタルインフラを国や企業が支配したとしても、個人はこうした企業依存から脱却することが可能となる。

アジア各国に、中国企業が開発したインフラによって自国民のデータを移転されるリスクの回避策として、ＧＤＰＲと情報信託銀行制度を導入することの有効性をＥＵと日本が説明して普及させることは、現地のＩｏＴ産業の育成策としても有効なのだ。この政策には、米国も後方支援するだろう。既にＧＡＦＡはＧＤＰＲ対応を済ませているほか、米国では多くの州がＧＤＰＲと同様の個人データ保護政策を採り始めている。

問題は、重要性の認識が薄く、対応が遅れている日本企業だ。日本企業のＧＤＰＲに対する認識を改善し、ＧＤＰＲの普及が米中の先行者利益を帳消しにする有効なツールになると認識させる政策が必要だ。

対中協力戦略としての非ハイテクルール形成

非ハイテクを定義する意義

米国は中国の技術覇権につながる可能性がある新興技術の流出と、米国のセキュリティ・クリアランス保有者の個人データの流出を抑えることを目的とし、あえて曖昧なルールを形成し続けるだろう。ルールを曖昧にして、いつでも安全保障上の措置を下せる状態が、米国政府にとって好都合だからだ。

米国の判断が不確実だから中国とはビジネスができない状況は、日本だけでなく、世界中の企業が望んでいないだろう。

このリスクを低減しながら市場を形成するアプローチとして、非ハイテク分野を定義するルール形成戦略は有効である。ハイテクを米国が曖昧に定義し続けることを前提とすると、非ハイテクとは一体何かを定義し、それを米国企業や政府を巻き込んで非ハイテクとしての合意を獲得する。米国政府からの制裁が発動されない非ハイテク市場を、合意形成しながら作り出すのだ。

日本企業は拡大したい市場・製品について、自ら非ハイテクとしての位置づけを明らかにし、米国政府への説明と他国の企業を巻き込むことが必要だ。ここでは一例として、非ハイテクに位置づけられるハイブリッド自動車の普及政策を取り上げる。

超低燃費ガソリン車の再考

中国は「中国製造２０２５」において、２０３０年時点で新車販売に占める電気自動車（ＥＶ）比率を50％にまで高める政策を掲げた。世界全体で進み始めたＥＶの普及は、日本に大規模な経済損失をもたらすと考えられる。電気自動車は駆動装置が熱を発しないため金属部品が激減する。車体の構造も単純化されて、部品点数が激減し、その削減率は37％にも達すると経済産業省は試算している。

日本の中小企業の多くは自動車部品の製造に関わっており、特に高温で作動し構造が複雑なガソリンエンジンには金属加工部品が最も多い。多くの中小企業が金属加工業を営んでおり、37％の部品点数の削減が生じた場合、230万人分の雇用が消失する可能性があり、経済損失は10兆円に達すると予測されている（ＥＹアドバイザリー・アンド・コンサルティング試算）。

ＥＶに充電する充電器に供給される電力が再生可能エネルギー、もしくは液化天然ガス（ＬＮＧ）にすべて切り替えない限り、「油井から車輪まで（Well to Wheel）」というエネルギーの生成から走行時までの全体で二酸化炭素（CO_2）を測定すると、ＥＶよりもハイブリッド車の方がCO_2排出量が低い。

2030年時点で予想される米国、中国、インドのエネルギーミックスを前提に、水使用量、窒素酸化物（ＮＯｘ）、微小粒子状物質「ＰＭ２・５」について比較すると、ＥＶは3カ国すべてにおいてハイブリッド車に劣る。

つまり、ハイブリッド車の方がＥＶよりも環境性能では優れている。実はハイブリッドシステムだけでなく、マツダの超低燃費ガソリンエンジン「スカイアクティブ」もハイブリッドに匹敵するガソリン1リットル当たり20キロメートルに達しているうえに、30キロメートルを超えるエンジン開発も進められている。部品点数が多く、環境性能でＥＶを上回るガソリンエンジンには、潜在的にまだ改善の余地が大きいのである。

中国はこれまで新興技術の獲得を最優先し、自動車産業を雇用創造産業の観点から最大化していく意識が十分に高くなかった。だが、米中冷戦に伴う半導体の供給停止や中国企業の排除は、中国国内の雇用を既に悪化させ始めている。以前から指摘される鉄鋼の過剰生産の行き場も見いだせずにいる。加えて、米国は中国への資金供給を絞り込もうと中国企業への株式投資を制限する法律の制定も検討し、技術開発に不可欠な資金調達も封じ込めようとしている。

この状態で、部品点数がガソリン車よりも約4割も少ないEVを主力製品として製造し続けることは、賢い選択と言えない。超低燃費ガソリン車を製造すれば、鉄鋼の過剰供給の解消につながる。新車販売に占める低燃費ガソリン車の位置づけを環境と雇用の側面から捉え直し、2030年時点で新車販売量に占めるEV比率を50％にする目標を再考する選択肢もあるはずだ。

中古車市場での日中によるルール形成の有効性

もう1つの選択肢は、新車の生産台数を引き上げて国内の雇用を創造することだ。例えば中古車を戦略的に廃車し、新車の需要を作り出すことが考えられる。新車の保証が切れる車齢5年以上の車両を中古車とすると、中国国内の走行車両に占める中古車比率は61％に達し、そのうち約2億3000万台が燃費の悪いガソリン車となっているもようだ。

そこで、一定の燃費基準を下回る車両の流通を規制する車検制度や下取り制度を導入し、廃車させた分の中古車を補う新車需要を創造する。

現在、中国は年間約2000万台の新車を販売している。仮に10年間で約2億台のガソリン中古車を入れ替えると、必要な追加の新車生産台数は約２３００万台となる。合計で年間約４３０万台と現在の２倍の新車製造を可能にし、追加分の約２３００万台を超低燃費ガソリン車とした場合には年間約３１０万人の雇用増が見込まれる（ＥＹアドバイザリー・アンド・コンサルティングの試算）。

燃費の悪い中古車の削減は、中国がＥＶ化政策を採用した理由でもある、米国が支配する海上交通路を通じた石油輸入と、深刻な大気汚染という安全保障上の問題も解決できる。

世界の自動車市場について中古車比率を調べると、日本61％、ＥＵ（英、仏、独）64％、米国67％、タイとインドネシアは71％が中古車となっており、走行車両全体でみると、中古車から排出されているＣＯ$_2$の方が60％以上を占める。

中古車には燃費効率が悪い車両も多いことから、今後販売される新車をすべて排ガスゼロ車（ＺＥＶ＝Zero Emission Vehicle）にした場合のＣＯ$_2$削減効果よりも、中古車をすべて超低燃費ガソリン車に置き換えた方がＣＯ$_2$削減効果が大きい。

燃費の悪い中古車の戦略的な廃車政策は、全世界で実行されることが望ましい。これを前提にすれば、中国は自国だけでなく世界に対し、ＣＯ$_2$だけでなく水、ＰＭ２・５、硫黄酸化物（ＳＯｘ）まで含めた削減を実現する政策に取り組むことを呼びかけることが、大国としての指導力の観点からも有効だ。世界的に燃費効率の悪い中古車を削減し、超低燃費ガソリン車への移行を加速させる連携を、中国が先導することは望ましい。

日本は超低燃費ガソリン車の技術協力を行い、中国の取り組みに協力し、日本国内でも同様の政策により雇用を増やすことが有益だ。

以上のように、新車に対する環境規制だけでなく、走行するすべての車両に対して段階的に廃車を促す環境規制を設けて、ハイブリッド車をはじめとする超低燃費ガソリン車やＥＶ、燃料電池車（ＦＣＶ）しか走れないルール形成を日中が連携する。これは、非ハイテク領域において巨大な市場を創造するルール形成戦略であり、日中関係の多様化と中国と安心してビジネスができる巨大な市場の創造につながり、日本の安保環境を改善させる。

非ハイテク市場化の可能性

非ハイテク分野は、超低燃費ガソリン車以外にも紙おむつゴミ問題などへの対応も含めた介護産業、新型コロナウイルスなど世界的大流行（パンデミック）対応にも寄与する抗菌産業、医療費の抑制にもつながるスポーツ産業・健康食品産業など、様々な分野が存在する。

日本はこれらの産業を能動的に非ハイテク市場として開拓し、安全保障環境の改善と社会的課題の解決を促進するために中国と連携すべきである。そして、中国の影響力も利用しながらこれらの産業成長を促すルールを形成し、日中両国が非ハイテク産業を通じた世界規模での雇用創造と、社会的課題の解決で貢献することが有益だろう。

【本章のポイント】

- 日本企業は「国防は経済に優先する」という思想の下、今後20年間にわたる米中「冷戦」が企業に非合理的な選択を迫ってくると認識する必要がある。国防権限法をはじめ安全保障を目的としたルールづくりの応酬が米中間で始まっており、ルール形成の動きを読み解く能力が企業の競争力の差につながる。

• 米国では対ソ連の「封じ込め」のような明確な対中戦略概念はまだ描かれていないが、中国の影響力に対する「巻き返し」と「多様化」をキーワードに様々な対中政策を構想すると予想される。日本は、企業レベルでも米国の影響力拡大を支援し、民主的な地域開発やプライバシー重視の社会制度の普及に資するルール形成戦略などが求められる。

• 今後は先端技術情報の管理に厳しい制限がかけられるが、中国と安全にビジネスを続けられる市場の創造は米国でも望まれている。日本は積極的に非ハイテク分野を明確に定義するルール形成を展開すべきだ。中国の影響力も利用しながら非ハイテク分野の産業協力を世界規模で進めることも有益だろう。

【参考文献】

（和文）

國分俊史、福田峰之、角南篤編著（2016）『ルールメイキング戦略——技術で勝る日本企業がなぜ負けるのか』朝日新聞出版

ピーター・ナバロ（2016）『米中もし戦わば——戦争の地政学』文藝春秋

（英文）

Ambassador Robert D. Blackwill and Jennifer M. Harris（2017）"War by Other Means: Geoeconomics and Statecraft". *Harvard University Press*

CSIS; Center for Strategic and International Studies（2018）"Meeting the China Challenge. Responding to China's

Managed Economy"
https://www.csis.org/analysis/meeting-china-challenge
FEDERAL TRADE COMMISSION ACT
https://legcounsel.house.gov/Comps/Federal%20Trade%20Commission%20Act.pdf
HR5515　https://www.congress.gov/115/bills/hr5515/BILLS-115hr5515eh.pdf
ISOO CUI Reports 2011　https://www.archives.gov/files/cui/reports/report-2011.pdf
NATIONAL DEFENSE AUTHORIZATION ACT FOR FISCAL YEAR 2019 ADDITIONAL AND DISSENTING VIEWS
https://www.nationalguard.mil/Portals/31/Documents/PersonalStaff/LegislativeLiaison/FY19/FY19%20HASC%20NDAA%20Committee%20Report.pdf
Nikki Haley "How to Confront an Advancing Threat From China: Getting Tough on Trade Is Just the First Step". *FOREIGN AFFAIRS* July 2019
NIST Special Publication 800-53 "Revision 4 Security and Privacy Controls for Federal Information Systems and Organizations"
https://nvlpubs.nist.gov/nistpubs/SpecialPublications/NIST.SP.800-53r4.pdf
NIST Special Publication 800-171 "Revision 1 Protecting Controlled Unclassified Information in Nonfederal Systems and Organizations"
https://nvlpubs.nist.gov/nistpubs/SpecialPublications/NIST.SP.800-171r1.pdf

日本に求められる「賢い投資」と関与
技術革新とルール形成外交の推進

伊集院 敦（日本経済研究センター首席研究員）

主要国の国際特許出願件数の推移

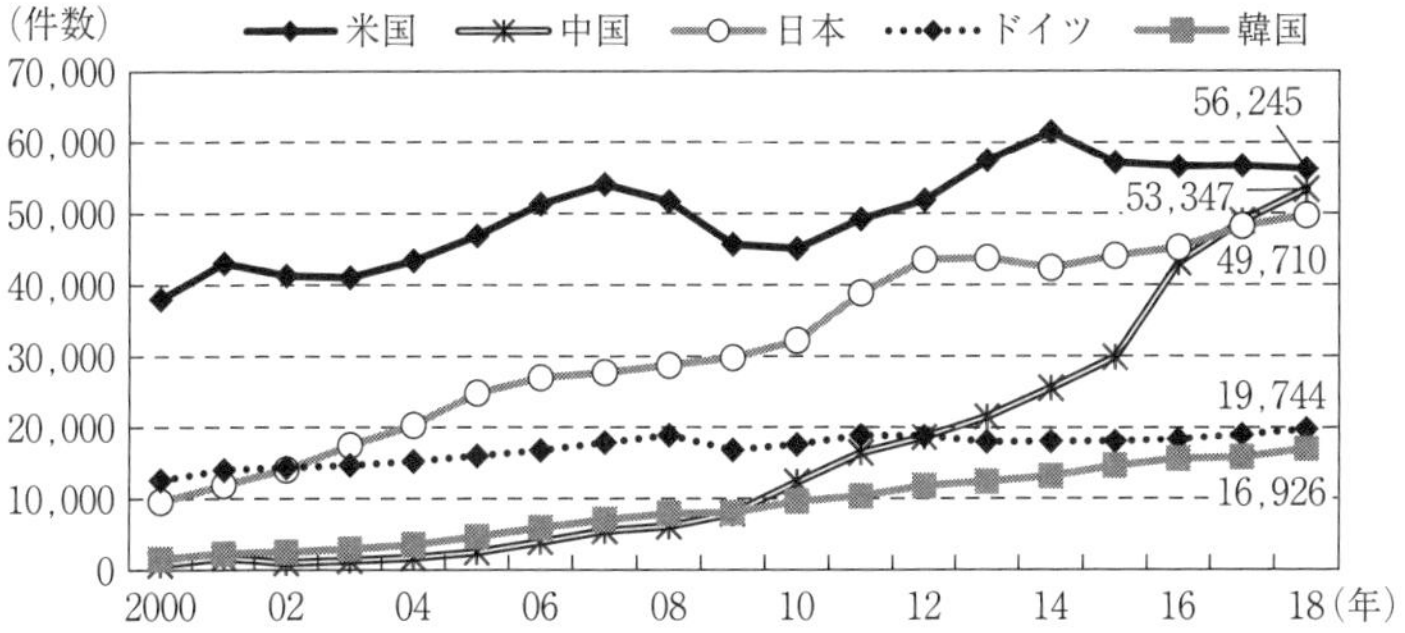

注　：特許協力条約にもとづく出願数
資料：WIPO 統計データベースをもとに作成

1　米中技術冷戦への対応を迫られた日本政府

日本は米中両国の技術覇権競争にどう向き合うべきか。米国が中国のハイテク製品排除の措置を次々に打ち出し、米中の技術覇権争いが本格的に始まった２０１８年以降、日本政府は内政と外交の両面で事態への対応を迫られてきた。内政のテーマに急浮上したのが、サイバーセキュリティ対策や技術管理だ。外交では米中とのバランスに腐心しながらデータ取引のルールづくりなどで日本独自のイニシアチブの発揮に動いた。しかし、いずれも緒についたばかりで、残された課題も少なくない。

にわか仕立ての法令と組織整備

日本政府は２０１８年12月10日、サイバーセキュリティ対策推進会議で「ＩＴ調達に係る国の物品等又は役務の調達方針及び調達手続に関する申合せ」を決定した。

各省庁の情報通信機器の調達に際し、価格で判断する一般競争入札ではなく、総合評価する契約方式を採用する内容だ。サプライチェーン・リスク対策の一環で、米国が問題視している中国大手の華為技術（ファーウェイ）と中興通訊（ＺＴＥ）の通信機器などを実質的に排除する対策である。

2019年4月には電力や水道など重要インフラ分野のサイバー防衛対策に関する安全基準の指針を前倒しで改定し、事業者によるデータ管理などを強化した。2020年度税制改正に盛り込んだ次世代通信規格5Gの通信網整備への優遇税制導入にあわせ、国内企業の競争力強化に向けた法整備にも乗り出した。

急ごしらえとなったのが、外為法の改正だ。外資による原子力や半導体など安全保障上重要な日本企業への出資規制を強化する内容だ。外国人投資家が安保上重要な日本企業の上場株式を取得する時に必要な事前届け出の基準を、従来の持ち株比率10％以上から1％以上に厳しくした。中国を念頭に重要技術や機密情報の流出を防ぐ狙いで、出資した日本企業に重要な事業の売却や役員選任の株主提案を行う場合も事前届け出の対象にした。

市場関係者から対日投資が阻害されかねないとの声も寄せられたが、政府が国会に法案を提出してから約1カ月、衆参両院合わせて7時間足らずの審議時間で成立した。米国の政策に歩調を合わせることを優先した格好で、対象のさらなる明確化といった課題の解決は後回しになった。

組織面では、外交・安全保障政策の司令塔を担う国家安全保障局（NSS）に経済分野を専門とする「経済班」を設置することを決めた。米中の技術覇権争いをはじめ経済と安保が密接に絡む問題に対処する狙いだ。経産、総務、外務、財務など関係省庁から人材を集め、米国と連携しながら大学や投資、通信、サイバーなど幅広い分野の対策について首相官邸主導で見直す方針だ。

米中の仲介と国際的なルール形成者への名乗り

米中両国の競争が激化するなか、日本政府は外交では両国との関係強化を図りながら、国際的なルールづくりを主導する姿勢を打ち出した。

安倍晋三首相が2019年1月のダボス会議で提唱し、6月に大阪で開いた20カ国・地域（G20）首脳会議の首脳宣言にも盛り込んだDFFT（Data Free Flow with Trust＝信頼ある自由なデータ流通）の概念が代表例だ。

信頼にもとづいて国家間の自由なデータ移転を認め、特定の国によるデータの囲い込みや独自ルールづくりは認めない。「大阪トラック」と名付け、世界貿易機関（WTO）の枠組みで電子商取引のルールづくりもめざす。

中央官庁が集まる東京・霞が関ではG20首脳会議の前から、非公式の説明資料として1枚のイラストが使われていた。人気漫画「ドラえもん」などの登場人物を使いながら、世界秩序の変化と日本の立ち位置を示したものだ。

米国1強時代のイメージ図には、自由広場で乱暴者のジャイアンから「よこせ！」と迫られ、日本とおぼしき気弱な少年、のび太が「ジャイアンがいうから仕方ないな……（ルール違反だけど）」と涙を流す姿が描かれていた。このとき、中国と思われる番長のゴリライモは広場の外だった。

米中競争時代のイメージ図では、のび太はジャイアンとゴリライモの双方から「あいつと付き合うな」「俺によこせ」と迫られる。しかし、ここで、のび太は「どっちも、ルール違反はよくないよ！（どちらとも絶交できないからね……）」と気丈に立ち向かうのだ。国際的なルール形成者として名乗りを上げ、ルールづくりで米中と世界の橋渡しをしようという日本の意欲を示したものだ。

米中が世界の多方面でしのぎを削る今日、通商問題で関係国に同調を求めるのは米国だけではない。輸出規制に関して、中国も米国と合わせ鏡のような輸出管理法を制定しようとしている。2019年5月には、非商業目的で中国企業との取引を停止するなどした外国の企業を「信頼できない企業のリスト」（中国版エンティティー・リスト）の対象とする方針も打ち出した。世界第3位の経済大国である日本であっても、受け身に終始していると、米中双方から厳しい要求を突き付けられ、股裂きになりかねない。ルール形成者への名乗りは、そうした状況への危機感の表れでもある。

主要国のリーダーが集まったG20大阪サミットのデジタル経済に関する特別イベントでは、安倍首相を真ん中にトランプ大統領、習近平国家主席らが狭い会場で肩を寄せ合って座る場面があり、その写真が世界に配信された。議長国としての面目が保たれ、日本の政府関係者は胸を張った。しかし、DFFTをめぐる議論も具体策では関係国の立場や思惑が複雑で、交渉の行方は見通せないのが実情だ。

2　心もとない日本の技術革新力

国際的なルール形成に意欲を示す日本政府だが、世界を相手に主導的な役割を果たすには相応の力量が求められる。新興技術を含むハイテク分野のルールづくりであれば、日本自身が世界トップレベルの技術力を持たなければ迫力を欠く。しかし、最近は日本の技術革新力は存在感が低下気味で、早急な巻き返しが求められる。

低迷するランキング

国連の専門機関、世界知的所有権機関（ＷＩＰＯ）などが２０１９年7月に発表した「グローバル・イノベーション指数２０１９」によると、首位は9年連続のスイスで、スウェーデン、米国、オランダ、英国など欧米諸国が上位を占めた。

研究開発費や特許・商標の国際出願のほか、携帯電話アプリの開発やハイテク輸出など80の指標にもとづいてランク付けしたもので、アジア勢のトップはシンガポールの8位。日本は前年の13位から15位に後退した。近年順位を上げ続けている中国は日本を抜き、14位に躍り出た。

日本はＧＤＰ（国内総生産）当たりの特許申請数や債務処理の容易さなどでトップレベルだっ

図表終—1　2019年のグローバル・イノベーション指数ランキング

1	スイス（1）	11	韓国（12）
2	スウェーデン（3）	12	アイルランド（10）
3	米国（6）	13	香港（14）
4	オランダ（2）	14	中国（17）
5	英国（4）	15	日本（13）
6	フィンランド（7）	16	フランス（16）
7	デンマーク（8）	17	カナダ（18）
8	シンガポール（5）	18	ルクセンブルク（15）
9	ドイツ（9）	19	ノルウェー（19）
10	イスラエル（11）	20	アイスランド（23）

注　：カッコ内は前年の順位
資料：WIPO 統計データベースをもとに作成

たものの、教育、設備投資、創造性産出などの項目では良い評価を得られなかった。中国は、特許・商標の出願、ハイテク輸出などで上位を維持した。

ＷＩＰＯが同年10月に発表したリポートによると、２０１８年の中国の特許出願件数は前年比12％増の１５４万件に達した。世界全体の５割近くを占め、2位の米国（59万件）、3位の日本（31万件）に大差をつけた。中国が出願した特許の質についてはいろいろな見方があるものの、人工知能（ＡＩ）など最先端技術分野の特許出願件数では、中国がリードする構図が鮮明になっている。

中国は２０１７年、特許協力条約（ＰＣＴ）にもとづく国際特許出願件数でも日本を抜いて世界2位となり、首位の米国に肉薄している。これは、１つの出願願書を条約に従って提出することによって、すべての加盟国に同時に出願したことと同じ効果を与える出願制度にもとづくデータだ（章扉データを参照）。

中国政府は高所得国になる前段階で停滞する「中所得国の罠」に陥ることを恐れ、２０００年代半ばからイノベーションを原動力とする国づくりに着手し、技術の自主開発を目指す「自主創新」戦略を推進してきた。

当初は政府主導で特定の大型国有企業に資源を集中して1つのイノベーションを引き起こす手法が中心だったが、２０１０年代半ばからは「大衆創業、万衆創新」のキャッチフレーズで草の根レベルの創業やイノベーションを奨励する政策を全国レベルで展開している。補助金を活用した国家主導の政策には国際社会からの批判もあるが、宇宙開発やスーパーコンピュータなどの大規模な案件からスマホ決済など個人消費の情報化に対応した新産業・新技術まで、一定の成果を生み出していることは間違いない。

日本では近年、数多くの科学者がノーベル賞を受賞しているものの、これからの新興技術ではどうか。日本は特許出願件数も全体的には減少傾向にあり、科学技術立国としての地位が後退する危機に直面している。ＡＩやバイオテクノロジーなど規範が固まっていない最先端のハイテク分野の国際ルールづくりをリードしようにも、肝心の技術革新力が心もとない現状だ。

米中の間で埋没し、草刈り場になるリスク

イノベーションや技術競争力の観点から見た日本経済の将来は、決して明るいものではない。

日本経済研究センターが２０１９年12月にまとめた長期経済予測によると、40年後の２０６０

図表終—2　2060年までの主要国のGDPの見通し

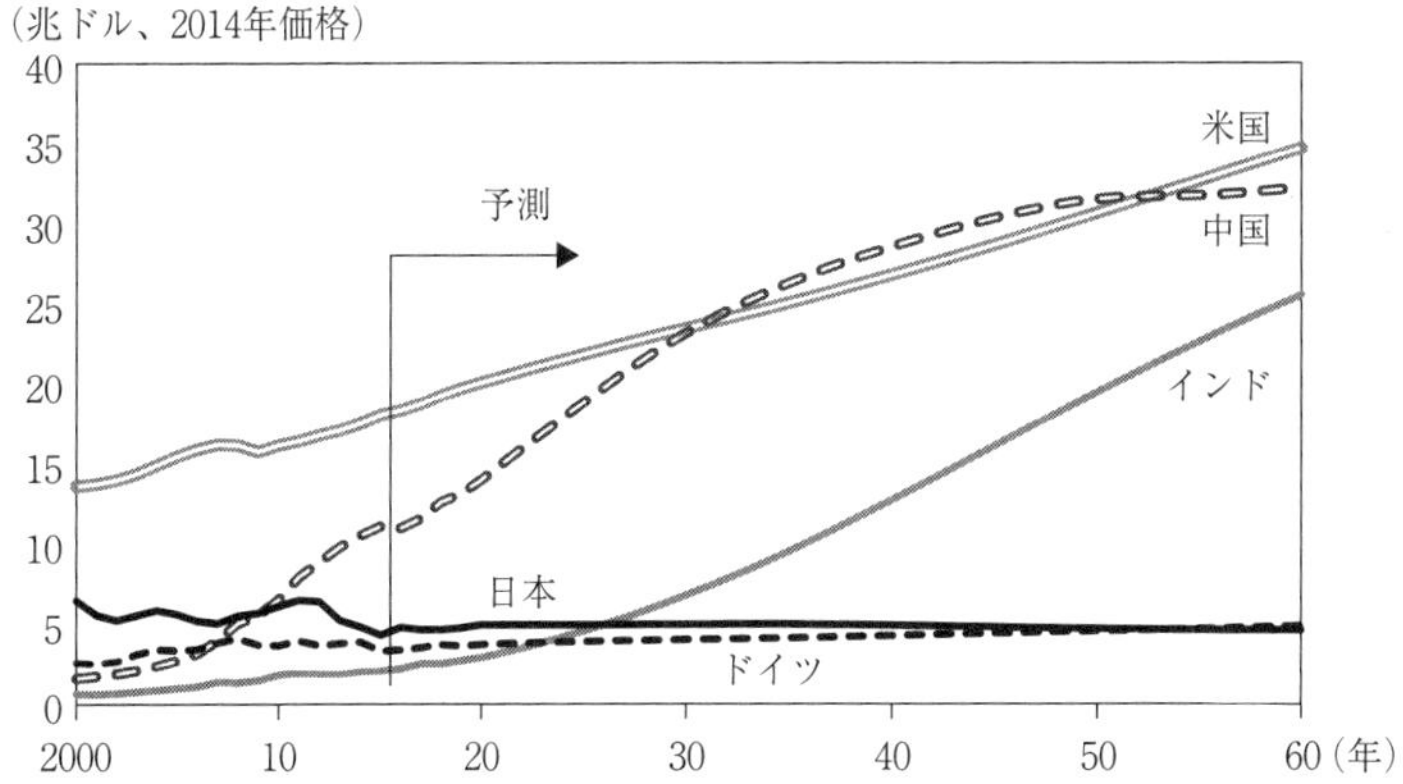

注　：各国の名目ドル建てGDPを、米国のGDPデフレーター（2014年＝100）で実質化した値

資料：日本経済研究センター予測

年の世界経済は、米国と中国が経済規模で拮抗する。２０３０年代に中国がいったん追い抜くが、２０５０年代に再度米国が１位に返り咲く見通しだ。日本経済は恒常的にマイナス成長に陥り、インド、ドイツに抜かれ、世界３位から５位に転落する。

この予測で重視したのが無形資産だ。ＡＩなどのデジタル技術とそれを生かす新たなビジネスモデルが代表例で、それらを活用することが生産性の向上につながる。米国の経済成長がやや減速するとはいえ、長期にわたって相対的に高い成長率を維持できるのは、デジタル化に対応した投資の蓄積やイノベーションを促す社会制度によるところが大きい。

これに対し、中国は２０３０年ごろに人口が減り始め、先進国との所得水準の差が縮まるにつれて新技術の導入による生産性の上昇も難しくなる。中国も将来を見据え、国を挙げたイノベーション政策でデジタル分野などに大きな投資をしているものの、海外のインターネットサービスの利用制限や厳しいデータ管理など、閉鎖的な制度が生産性向上の足を引っ張ると予想される。

日本は人口減少と高齢化の影響が大きく、2030年代以降、マイナス成長に陥る見通しだ。日本はデジタル分野の開放性などで世界の上位にあるものの、投資が他の先進国に比べて建物や機械設備などの有形資産に偏っている。無形資産の蓄積でやや後れをとっていることも響き、日本は米中が拮抗する世界で埋没しかねない。

デジタル経済の展望に関しては、日本経済研究センターが同時期にまとめたアジア経済中期予測でも厳しい現実が浮かび上がった。分析の結果、ベンチャーキャピタルとユニコーン（企業価値10億ドル超の未公開企業）が織りなすスタートアップの生態系が米国系と中国系に明確に2分されつつあることが分かった。

デジタル経済では、いまや米中2つの並行世界（パラレルワールド）が形成されつつある。GAFA（グーグル、アップル、フェイスブック、アマゾン）に代表される米国企業が主導する世界と、BATH（百度＝バイドゥ、アリババ集団、騰訊控股＝テンセント、ファーウェイ）をはじめとする中国企業が牽引する空間だ。

日本が米中の巨大企業の間で草刈り場になる最悪のシナリオもちらつくが、日本経済の将来像も今後の対応次第で変わり得る。日本経済研究センターの長期経済予測では、日本がデジタル社会への対応を加速することに成功すれば、人口減の中でもプラス成長が可能になることも示している。

日本に必要なのは、新しい技術の発明といった狭い意味での技術革新だけではない。様々な生産要素や生産手段を従来と違った形で結合し、新商品や新市場、新組織などを生みだして社会に変革を起こす幅広い意味でのイノベーションだ。

通信、医療、環境、AI、宇宙などで動き出す開発投資

日本政府は2019年12月、国や地方の財政支出が13・2兆円となる経済対策を決定した。政府が経済対策を打ち出したのは2016年8月以来3年強ぶりで、民間の支出も加えた事業規模は26兆円。台風などの自然災害対策のインフラ整備や景気の下振れリスク対応も含まれるが、東京五輪後も見据え、成長分野に手厚く投資する。

成長分野への投資の代表格が通信や医療分野の技術開発だ。通信では5Gの次の世代にあたるポスト5Gの技術開発を支援する。新エネルギー・産業技術総合開発機構（NEDO）に2200億円の基金をつくり、半導体や情報通信、自動車などの完成品メーカーと協力し、最先端半導体や関連システムの開発を急ぐ。

5Gでは中国などが開発競争を繰り広げるなか、日本は完全に出遅れた。このため、ポスト5Gである6Gに向けて官民で早い段階から国家プロジェクトとして取り組むことで巻き返しを目指す。

ムーンショットと呼ぶ大型研究事業の拡充も柱だ。人類を月に送った米アポロ計画のような大

胆な発想にもとづく研究開発を指し、国が5年間で総額1000億円を投じる。①人が身体、脳、空間、時間の制約から解放された社会、②超早期に疾患の予測・予防をすることができる社会、③地球環境再生に向けた持続可能な資源循環を実現——など2050年までに達成すべき6つの目標案を設定。自ら学習・行動し人と共生するロボットの実現を目指し、人と同等以上の身体能力をもって一緒に成長するAIロボットの開発にも取り組む。

経済対策と前後して、政府は宇宙政策の方向性を示す宇宙基本計画の工程表も改定した。米国の月面探査計画への技術協力を前面に打ち出したのが特徴だ。米国の計画は「アルテミス計画」と呼ばれ、2024年までに再び宇宙飛行士の月面着陸をめざす。月周回軌道上に月を回る宇宙ステーション「ゲートウエー」を建設し、月面基地に物資や人員を送り込む構想だ。

サイバー空間と並び、米中が激しくしのぎを削っているのが宇宙開発だ。中国は2019年1月、世界で初めて月の裏側へ無人探査機「嫦娥《じょうが》4号」の着陸に成功。2022年にも独自の宇宙ステーションを完成させ宇宙大国となる目標を掲げる。米国の計画はこれに対抗する形で、ペンス副大統領が2019年3月に目標の4年前倒しを発表。火星探査も視野に入れている。

日本は、日米協力の深化という外交・安保の観点と、技術力の底上げや独自の技術力を通じた国際競争力・プレゼンス（存在感）の向上、企業の投資意欲喚起や事業機会の創出——などの観点から計画への参加を決めた。

今後の技術革新に関して、安倍首相は同年12月の記者会見で「イノベーションの成否が国の競争力に直結し、安全保障をはじめ社会のあらゆる分野に大きな影響を与える時代だ。大胆な対策を講じなければ日本の未来を開くことはできない」と強調した。

第1章で問題提起したように、日本における産業政策としての科学技術の振興は正に喫緊の課題だ。先端技術の国際ルール策定も、日本がトップグループを走る実力を保有していない限り、実のある貢献は期待できない。

ただ、今回の経済対策には大型対策に仕立てたいという政治の声が働き、最初から規模ありきの大盤振る舞いになったのではないかとの批判も寄せられた。成長のための技術開発も多くが多年度にわたる基金方式となるため、チェックが疎《おろそ》かになることを心配する声も少なくない。宇宙開発にかかる費用は莫大で、いずれ関係国によるコスト負担の問題が大きな焦点になるだろう。

日本の国債残高は約900兆円と平成の間に5倍超に膨らみ、財政規律の緩みを懸念する声が高まっている。厚生労働省が同月に発表した2019年の人口動態統計の年間推計では、日本人の国内出生数は86万4000人となり、少子化・人口減が予想以上のペースで進んでいることがわかった。いまの日本に予算や時間を浪費する余裕はない。

政府はイノベーション創出重視の方向に向け、科学技術政策の理念や枠組みを定めた科学技術基本法を初めて改正する方針だ。2021年に始まる新しい科学技術基本計画の検討作業にも着手する。イノベーションの創出に向け、政府の掛け声は高まってきたが、世界的な競争のなかで速度や効率も求められる。日本の将来を左右するプロジェクトだけに、背水の陣で日本の成長力強化につながる「賢いイノベーション投資」を進める必要がある。

3　最悪シナリオの回避と日本の役割

米中の技術覇権競争は長期にわたることが予想されている。超大国による貿易戦争や技術覇権争いが経済面でのデカップリング（分断）を加速し、全面的な新冷戦や熱戦に発展することへの警戒感も出ているが、股裂きになって困るのは、日本を含む超大国以外の国々だ。技術力を磨き、米中にも一目置かれる存在になり続けることは当然として、日本が両国の技術覇権争いのリスクを最小限に抑え、技術管理や新たなルールづくりで貢献していくには何が必要か——。

米国でも浮上した分断への懸念

米国で中国に対する世論が急速に厳しくなっている状況は第3章で述べた通りで、いまや超党派的な動きになっている。

半面、世界経済のデカップリングが景気の後退をもたらすだけでなく、米中による全面的な新冷戦や実際の戦争に発展することへの警戒感も出ている。技術覇権争いに関しては、人材や技術の交流がストップし、先進技術の進展が世界的に停滞する「イノベーションの冬」を懸念する向きも多い。

「政権が中国からのデカップリングを求めているのかと問う人がいるが、答えは明確なノーだ」。ペンス米副大統領は2019年10月24日、首都ワシントン市内で行った対中国政策の演説で、こう表明した。

ペンス米副大統領は筋金入りの対中強硬派で、1年前の演説は事実上の「新冷戦」を宣言するものとして波紋を呼んだ。このため、第2弾となる同日の演説内容が注目されていたが、「中国を封じ込めようとするのではない」と断言し、経済と貿易に関して公正かつ相互に尊重し、国際ルールに沿った形をめざす考えを明らかにした。

ペンス副大統領はこの日の演説でも、中国が「かつてない監視国家を構築している」と主張、新疆ウイグル自治区でのイスラム教徒らの拘束などを厳しい言葉で糾弾したが、経済界などにくすぶる米中分断への懸念も意識したとみられる。演説の場所は前年が保守系シンクタンクのハドソン研究所だったのに対し、第2弾は国際交流拠点として知られるウィルソンセンターだった。

米調査会社のユーラシアグループは、2020年1月に発表した同年の世界の「10大リスク」で、米中のテクノロジーに関するデカップリングを、大統領選を迎える米国の国内政治に次ぐ第2位に挙げた。「米中両国がテクノロジーに境界を設けたことはソ連崩壊以来、グローバル化の波に最も大きな地政学上のインパクトを与えた」と分析。第3位にも、デカップリングで緊張が高まり、国家安全保障・影響力・価値観をめぐる衝突が懸念される米中関係がランクインした。

元駐日大使で、米シリコンバレーの有力ベンチャーキャピタル（VC）、ジオデシック・キャピタル共同創業者のジョン・ルースは、『日本経済新聞』のインタビュー（2019年12月28日掲載）で「中国からのベンチャー投資や、提携案件、人材の流入が減っている」と米中のハイテク覇権争いに伴う緊張の高まりに懸念を表明した。「中国からのベンチャー投資資金の減少は米国内の資金で賄えるが、人材を代替するのは難しい」と語った。中国からの人材の流入減は、海外からの優秀な人材の流入をてこに発展してきたシリコンバレーにとって、多くの関係者が共有する悩みだ。

米国では、技術専門家のなかからも中国に対する封じ込め政策の限界を説く意見が出始めている。米外交問題評議会シニアフェロー（新興技術・国家安全保障担当）のアダム・シーガルは米外交専門誌『フォーリン・アフェアーズ』への寄稿でファーウェイに対する政策を取り上げ、「トランプ政権のアプローチは十分な成果を上げていない」と指摘。「米中の科学技術領域のエコシステム分断を試みるワシントンの姿勢は、結局は、米国の技術革新のペースを鈍化させ、技術的自立に向けた中国の計画をさらに加速させることになるだろう」と展望した。

経済性に優れるファーウェイ製品の導入は、第7章で紹介した欧州だけではなく、アジアでも動きが広がっている。

中国のテクノロジー領域の台頭を抑えるには、米国の影響力を拡大し、米国サイドのイノベーションを促進するのが王道で、価格や効率面で競合できる代替策を示す必要がある。米国は同盟国とともにサイバーセキュリティを強化し、5Gおよびその後継の技術をリードできる研究開発にこそ投資すべきとの指摘である。

リスク軽減へ新たな技術管理の方法を探る動き

米国では、中国との技術冷戦のリスクを最小限に抑えるための議論も浮上している。競争と協調のバランスを説き、米中の共存を提唱したカート・キャンベル元米国務次官補（東アジア・太平洋担当）の論文が代表例だ。

政府当局者として自ら中国政策に深くかかわってきたキャンベルは、2018年に『フォーリン・アフェアーズ』に寄稿した論文で、開放に誘導する関与政策も、力を重視したタカ派的な政策も、米国が進めてきた従来の対中アプローチがすべて誤りだったと認めた。そのうえで「様々な働きかけで中国が好ましい方向へ進化していくという期待にもとづく政策をとるのはもうやめるべきだ」と主張し、米国の対中政策の見直し論議に一石を投じた。

1年後の2019年に発表した論文では、この間に米国で急速に進んだ関与政策から競争戦略への転換に関して「競争ならば中国を変えられる。全面降伏あるいは崩壊をもたらせると似たような見込み違いを繰り返す恐れがある」と警鐘を鳴らした。同時に、米中が危険なエスカレーションの連鎖に陥るのを防ぐ条件を確立して、安定した競争関係の構築を目指すことを提案した。

米国の技術優位を保つための政策をめぐっては、米国から中国、中国から米国への双方向の技術投資・移転に対する規制を強化すべきだが、その措置は包括的なものでなく、選択的な実施が必要になると指摘した。

具体的には、安全保障と人権保護に重要な技術は制限する一方、これに該当しない技術は通常の貿易と投資を認める。グローバルな知識や才能の流れをゆがめ、世界全体の技術エコシステムを壊さないよう、産業界や関係諸国と協議して適用することも求めた。そうしなければ世界の才能が集まることで発展してきた米国経済の優位性が揺らぎかねない、との問題意識がある。

日米同盟と中国への関与、経済・安保の両立

キャンベルらが言及した関係国との協議は、日本にとって極めて重要だ。米国が中国に対する経済政策や技術管理政策で関係国との協議を重視するようになれば、同盟国の日本も自国の考えを反映させるチャンスが増える。

米国との同盟を安全保障の基本に据える以上、日本が米国の意向を無視した安保政策を進めることは考えられない。中国にとっての最大の外交課題は対米関係であり、日米関係が盤石であってこそ、日本の中国に対する影響力、発言力も高まる。

米国が中国に抱く懸念の多くは日本も共有しており、日本は米国とともに、軍事・経済の両面でより安全な世界づくりに努力すべきだ。中国のような国家資本主義型の権威主義モデルではなく、自由で開かれた市場経済型の民主国家モデルを広めるべきである。

しかし、米国が行き過ぎた自国第一主義で政策を推し進めた場合、独り相撲に陥り、展開次第では米国の方が世界で孤立する可能性も皆無ではない。米国がそのような過ちを犯さないよう、適切なアドバイスを行うのも同盟国の役割だろう。

2020年1月に発効した日米貿易協定に限らず、通商分野では同盟国同士でも国益をかけた交渉が行われる。技術管理も同様で、米国ができるだけ自国に有利なルールにしようとするのは

当然だ。産業構造や得意分野が異なる日本には独自の事情があり、そこに交渉の余地が生まれる。とりわけ、今後、扱いが焦点となる新興技術は、従来のように製品化後に規制されるのではなく、製品化前の開発段階から管理されるので、同盟国の間でも従来とは異なる協議の枠組みが必要になる。

中国市場の魅力と重要性、さらには分野によっては日本の先を行く中国の技術革新の動きを考えれば、中国とのハイテク分野の協力も大事だ。日本企業が世界市場で戦ううえで、巨大市場と世界トップレベルの技術力を併せ持つようになった中国を無視した戦略は考えられない。中国の豊富なイノベーション資源をどう活用するかは、企業の成長に直接かかわる重要な問題だ。

日中が2019年に始めたイノベーション協力対話は、中国側が日本からの技術導入に積極的なのに対し、日本側はその前提となる知的財産保護を重視し、同床異夢の面もある。今後は米国から日中のハイテク協力にブレーキがかかる局面が予想され、対中関係において、日本は政府、企業ともに米国を意識した微妙なバランスが求められる。イノベーション協力対話と並んで中国が重視する第三国市場における日中協力も、内容によって注意を要する分野がある。

米財務省は2020年1月、新たな法令にもとづき、安全保障の観点から対米投資を規制する対米外国投資委員会（CFIUS）の届け出を免除する「ホワイト国」のリストを公表した。

米国が普段から機密情報を共有しているオーストラリア、カナダ、英国の3カ国がホワイト国に選ばれたが、日本は選ばれなかった。米国は日本の対内投資規制の動向と日中関係の展開を慎重に見極めようとしているのではないかとの観測もあり、日米同盟と中国への関与、安保と経済、

2つの両立が具体的なケースで試されることになる。

多国間協議の意義と日本の関与

今後の世界を展望すれば、日本がいくら努力しても米中の技術覇権競争は長期化すると予想され、経済のデカップリングが一段と進むかもしれない。現状ではその可能性が大きく、デジタル経済の分野では既に、米国主導と中国主導の2つの世界に分化しつつある。

技術覇権競争に端を発した米中デカップリングの影響が政治、文化、学術など様々な分野に広がり、米中関係の緊張がさらに高まって、安保や価値観、統治システム、他国への影響力などをめぐる衝突を引き起こす可能性も否定できない。そのような現実をしっかり認識することは、重要である。

しかし、それを所与と諦め、地球規模での協力を完全に放棄してしまえば、ある分野のデカップリングが他の分野のデカップリングを生む悪循環に陥りかねず、世界全体の損失になりかねない。

実際、米中が技術覇権をめぐって激しく競争する現在も、日本と米国、欧州連合（EU）、中国、韓国がAIの特許をめぐって世界的な審査のルールづくりに乗り出すなど、体制を超えて新興技術に関するルールづくりを模索する分野もあるのだ。

国際的なルールづくりをめぐっては、世界の国々を米国のように十分なパワーを備えたルール決定者（rule makers）、それに従うルール追随者（rule takers）、国際秩序形成の主体や原動力になるルール形成者（rule shapers）――の3種類に分類する考え方がある。

ドイツのマース外相が2018年に都内で講演した際、日独は単独でイニシアチブを握るには小さ過ぎるが、ルール形成者には成り得るとし、両国が協力してWTO改革やデジタル経済のルール策定などの先駆者になろうと呼び掛けたことがある。同じような問題意識を持つ国は、日本やドイツに限らない。

米中の貿易戦争や技術覇権争いも、実質的に戦いの決着をつけるのは当事国の米中以外に考えられないが、他の関係国にも役割はある。例えば、米中の貿易戦争の争点である知的財産保護や産業補助金などの問題は、WTO改革と並行し多国間の枠組みで解決の道を探るのも選択肢ではないか。WTOのような多国間の協議メカニズムを復権させることが重要で、そうした舞台を整えてこそ、日本の出番も増える。

第4次産業革命と地政学的競争が同時に進行し、将来の覇権をめぐる米中の争いが熱を帯びるなか、日本に求められるのは新たな世界秩序やルールづくりに積極的に関与し続ける姿勢だ。多国間主義と、多国間協議のメカニズムを支える国際主義の考え方も忘れてはならない。

新たな秩序やルールづくりで実際に影響力を発揮するうえで必要不可欠なのは、日本が絶え間ないイノベーションによって国際的な競争力とプレゼンスを確保し、米中を含め世界において一目置かれる存在であり続けることだ。第4次産業革命が進む世界では、イノベーションの力こそが影響力の源泉である。人類史上屈指の変革期を迎え、日本はいかにして世界の中で埋没せず、長期にわたる持続的発展を実現するか。内政、外交の両面でまさに正念場を迎えている。

【本章のポイント】

- 米中の技術覇権競争が激しさを増すなか、日本は政府レベルでも対策に追われている。内政ではサイバーセキュリティや技術管理のための法令・組織整備、外交ではルールづくりの交渉などを進めているものの、にわか仕立てで残された課題も少なくない。
- 日本がハイテク分野のルール形成をリードするには、自らが世界トップレベルの技術力を持つ必要がある。しかし、最近の日本は技術革新力で存在感が低下している。イノベーションこそが影響力の源泉であり、米中を軸に展開される世界の競争で埋没しないよう「賢い投資」を進めなければならない。
- 世界は米中の技術覇権争いに端を発したデカップリングの影響が避けられない情勢だが、リスクの軽減を模索する動きは米国にもある。日本は米国との同盟を基軸としながら中国にも関与し、世界的なルール形成者を目指す立場から多国間主義も大事にして対応すべきだ。

【参考文献】

（和文）

岩田一政、日本経済研究センター編（2019）『2060デジタル資本主義』日本経済新聞出版社

日本経済研究センター（2019a）『「新時代」の中国ビジネス――激動期をいかに勝ち抜くか』

日本経済研究センター（2019b）『米中対立下のデジタル・アジア――イノベーションと都市の行方』

ハイコ・マース（2018）「ハイコ・マース外務大臣、政策研究大学院大学においての講演」ドイツ連邦共和国大使館　総領事館ホームページ https://japan.diplo.de/ja-ja/themen/politik/-/2121328（閲覧日：2020年1月

８日）
服部健治、湯浅健司、日本経済研究センター編著（２０１８）『中国　創造大国への道――ビジネス最前線に迫る』文眞堂
船橋洋一（２０１８）「『忘れられた国際条約』が果たした大きな役割」東洋経済 ONLINE
https://toyokeizai.net/articles/-/238244（閲覧日：２０２０年１月５日）
「中国通信」「東洋経済 ONLINE」「日本経済新聞」「読売新聞」
（英文）
Adam Segal（2019）“The Right Way to Deal With Huawei: The United States Needs to Compete With Chinese Firms “Not Just Ban Them”. *FOREIGN AFFAIRS*
https://www.foreignaffairs.com/articles/china/2019-07-11/right-way-deal-huawei（accessed 2019-09-11）
Ian Bremmer and Cliff Kupchan（2020）*Top Risks 2020*. Eurasia Group
https://www.eurasiagroup.net/issues/top-risks-2020（accessed 2020-01-08）
Kurt M. Campbell and Jake Sullivan（2019）“Competition Without Catastrophe: How America Can Both Challenge and Coexist With China”. *FOREIGN AFFAIRS* September/ October 2019
World Intellectual Property Organization（2019）*Global Innovation Index 2019*
https://www.wipo.int/global_innovation_index/en/2019/（accessed 2020-01-08）

【編著者略歴】

宮本雄二（みやもと・ゆうじ）
宮本アジア研究所代表、日本日中関係学会会長、日中友好会館会長代行
1946年生まれ。京都大学法学部卒業。大学在学中の68年に外務公務員上級試験に合格、大学卒業後の69年外務省入省。87年外務大臣秘書官、2001年軍備管理・科学審議官、02年ミャンマー大使などを経て、06年より10年６月まで中国大使。
主な著書に『これから、中国とどう付き合うか』（日本経済新聞出版社）『習近平の中国』（新潮新書）『強硬外交を反省する中国』（PHP新書）などがある。

伊集院敦（いじゅういん・あつし）
日本経済研究センター首席研究員
1985年早大卒、日本経済新聞社入社。ソウル支局長、政治部次長、中国総局長、編集委員などを経て現職。ジョージ・ワシントン大学客員研究員などを歴任。
主な著書に『金正日　「改革」の虚実』（日本経済新聞社）『内訟録　細川護熙総理大臣日記』（構成、日本経済新聞出版社）『変わる北東アジアの経済地図――新秩序への連携と競争』（編著、文眞堂）などがある。

技術覇権　米中激突の深層

2020年３月19日　１版１刷

編著者　宮本雄二・伊集院敦
日本経済研究センター

発行者　金　子　　豊

発行所　日本経済新聞出版社
https://www.nikkeibook.com/
東京都千代田区大手町１－３－７　〒100-8066

印刷・製本　三松堂
DTP　CAPS
ISBN978-4-532-35847-1 Printed in Japan